1004번 안경 버스

_____ 님께

아낌없이 베풀어 주신 사랑에 감사드립니다.

_____ 드림

1004번
안경버스

박종월 지음

KOREA.COM

그가 가는 곳은 아름다운 실로암 연못이 된다

참나무는 10년을 땅속에서 썩은 뒤에 싹을 틔우고 100년을 자란다고 합니다. 대나무도 10년 가까이 땅속에 뿌리를 내린 후, 일단 싹을 틔우면 하루가 다르게 쑥쑥 큽니다. 박 장로님에게도 땅속에서 썩어 있는 기간이 있었습니다. 불우한 어린 시절, 뒷골목 부랑아, 노무자의 삶, 수배로 인한 도피 생활 등. 그러나 그 어둡고 긴 터널은 하나님을 만나기 위한 담금질의 시간이었습니다. 10년을 땅속에서 썩어 있던 참나무와 대나무 씨앗이 그 후에 멋진 나무가 되고 쓸모가 있는 나무가 되듯이 박 장로님의 삶도 그러했습니다. 박 장로님에게 바닥의 세월이 없었다면 하나님을 뜨겁게 만나지 못했을 것입니다.

부모님의 따뜻한 사랑을 받지 못했던 유년기의 척박한 환경은 청년이 된 그분을 뒷골목의 세계로 밀어 부쳤습니다. 그러나 하나님의 역사 속에서 박 장로님은 그리스도인으로 다시 태어나셨습니다. 그리고 이제는 눈이 잘 보이지 않는 사람들에게 사랑의 빛을 선물해 주고 있습니다. 박 장로님의 자서전을 보며 다시 한 번 느끼는 것은 사람은 환경보다 하나님의 영향을 더 많이 받는다는 것입니다. 어릴 때의 환경과 성장 과정이 중요하다고 하지만 하나님의 영향력보다 강하지는 않습니다.

성경에 보면 '실로암'이란 연못이 나옵니다. 예수님께서는 눈 먼 사람 눈에 진흙을 바르신 후 실로암에 가서 그 물로 눈을 씻으라고 하셨습니다. 눈 먼 자가 예수님의 말씀에 순종했을 때, 그는 눈을 뜨고 세상을 보게 되었습니다.

박 장로님도 많은 사람들에게 시력을 회복시켜 주는 일을 하고 있습니다. 25인승 미니버스에 시력측정기와 안경제작기, 안구검사 컴퓨터 등 각종 검안 기기를 갖추어 전국을 누비며 많은 사람들에게 안경을 만들어 주고 있습니다. 미니버스가 닿는 곳이 아름다운 실로암이 된 것이죠.

앞으로도 박 장로님이 이끄시는 '큰빛부부안경선교회'가 이름에 걸맞게 많은 이들에게 육의 빛뿐 아니라 영의 빛인 그리스도의 빛까지 전해 주기를 간절히 기도합니다. 또한 이 책을 읽는 많은 사람들이 하나님께서 우리를 그분의 일꾼으로 부르셨다는 것을 알고 자기가 가진 달란트를 충실하게 사용하며 헌신하는 삶을 살기를 바랍니다.

덕수교회 담임 목사 **손인웅**

하나님의 완장은 따뜻한 힘이다

"이 완장을 차고 다니면 아무도 너를 해치지 않을 거야."

이 말은 박종월 장로님이 어린 시절 면사무소에 잡일을 하며 지낼 때, 면사무소 직원이 했던 말입니다. 그런데 노란색 완장을 찬 뒤 어린 박종월은 정말로 두려움이 사라졌다고 합니다. 완장은 이상한 힘이 있어서 약하고 미숙한 사람도 이 완장을 차면 용기가 생기고 대범해집니다. 그러나 권위 의식이 생겨 약자를 괴롭히고 억압하게 되기도 합니다. 그런 점에서 완장은 부정적인 힘을 상징합니다. 이 완장을 찼던 어린 박종월은 뒷골목 세계가 익숙한 청년으로 자랐고 오랫동안 그늘지고 음습한 곳에서 생활했습니다.

그런 박종월이란 사람이 새롭게 변했습니다. 그의 팔뚝에는 이제 노란색 완장 대신 눈에 보이지 않는 하나님의 자녀라는 완장이 채워져 있습니다. 그 완장은 억지를 부리거나 행패를 부리고 사람들을 꼼짝 못하게 하는 힘이 없습니다. 오히려 낮은 자가 되어 사람들을 보살피고 그들을 섬기게 합니다. 사랑의 힘이 작동되는 완장이라고나 할까요?

이제 한 권의 책으로 나오는 박종월 장로님의 이야기를 읽으며 문득 어거스틴이 생각났습니다. 그리고 무절제한 생활을 하던 어거스틴을 변화시킨 로마서 13장 13절이 떠올랐습니다.

"낮에와 같이 단정히 행하고 방탕과 술 취하지 말며 음란과 호색하지 말며 쟁투와 시기하지 말고."

이 말씀이 어거스틴을 방탕자에서 그리스도인으로, 무의미한 철학을 따르는 이에서 기독교 사상을 집대성한 학자로 거듭나게 한 것처럼 박종월 장로님도 하나님을 만나서 완전히 다른 사람이 되었기 때문입니다.

박종월 장로님을 보며 사람을 변화시키는 하나님의 힘, 보잘것없는 진흙을 만지셔서 하나님이 쓰시기에 좋은 그릇을 만드시는 토기장이 하나님을 다시 한 번 만날 수 있었습니다.

아무쪼록 이 책을 읽고 많은 분들이 우리들의 삶을 변화시켜 주시는 하나님의 사랑과 능력을 경험하시고 "아멘" 하실 수 있기를 바라며 일독을 권하는 바입니다.

경인여대 총장 · 전 연세대학교 부총장 **박준서**

주님의 신실한 응답을 싣고 달리는 안경버스

박종월 장로님 부부는 바라만 보아도 참으로 주위 사람을 유쾌하게 만드는 분들입니다. 오십이 다 된 나이에 검정고시를 통해 나란히 수능에 도전을 하고 나란히 대학 신입생이 되어 먼 지방대학을 다니기 위해 자취까지 하는 향학열을 보여 주신 소문난 학생 부부였습니다.

그들에게 만학의 열정을 주시고 안경을 공부하게 하신 데는 다 하나님의 계획이 있었던 겁니다. 만학도인 그들 부부가 공부의 열정을 뛰어넘어 봉사의 열정으로 나아가게 하신 것도 다 하나님의 놀라운 역사였습니다.

나는 CBS 〈새롭게 하소서〉의 MC로 박종월 장로님 부부를 만나 그 간증을 들을 수 있었습니다. 박종월 장로님의 인생 반전의 이야기를 들으면서 참으로 하나님의 오묘한 인도하심에 감탄했습니다. 예수님께서 눈 먼 자를 측은히 여기사 눈을 뜨게 해주셨듯이 하나님께서 박 장로님을 통해 수많은 자들의 눈을 밝히셨습니다. 그들 육신의 눈만을 밝게 만든 것이 아니라 수많은 사람들의 영혼의 눈도 밝게 만들었으니 참으로 하나님의 영광을 드러내는 일에 쓰임을 받은 귀한 주님의 종들입니다.

25인승 개조 버스에 안경과 장비를 가득 싣고 전국 방방곡곡을 누비며 어르신들의 눈을 밝히는 안경 봉사와 전도를 하신 지도 벌써 7년이 되었고, 달려간 거리가 지구 두 바퀴 반이나 되었다고 하니 그 숨은 이야기 또한 참으로 많을 것입니다. 방송에서 못 다한 이야기가 이제 책으로 나온다고 하니 참으로 기대가 큽니다.

이 책을 읽는 사람들은 또한 한 여인이 흘린 눈물의 기도가 얼마나 큰 힘이 있는지 보게 될 것입니다. "주 예수를 믿으라. 그리하면 너와 네 집이 구원을 얻으리라"는 주님의 약속을 붙잡고 눈물로 치마를 적시며 기도했던 아내와 자식들의 기도에 신실하신 주님께서 어떻게 응답하셨는지를 볼 수 있을 것입니다.

이제 이 책을 읽는 모든 분들이 《1004번 안경버스》에 동승하셔서 그 유쾌하고 감동적인 이야기에 푹 빠지시기를 바랍니다. 주님도 우리와 함께 동승하셔서 크리스천으로 사는 것이 얼마나 가슴 뛰고 신나는 일인지를 말씀해 주실 것입니다.

열린문교회 담임 목사 · TV 탤런트 **임동진**

책머리에
나 같은 사람도 바꾸시는 주님

나 같은 사람도 다른 사람을 위해 쓰임받을 수 있다니, 생각할수록 정말 믿어지지 않는다. 25인승 미니버스를 몰고 하얀 가운을 입고 시골 마을에 가면 사람들은 나를 반쯤은 부러운 시선으로, 반쯤은 존경어린 시선으로 바라본다. 먹고살기도 힘든 시대에 누가 크게 알아주고 상이나 돈을 주는 것도 아닌데, 자비를 들여 안경을 맞춰준다는 사실에 신기해한다. 그런데 사실은 나도 신기하다. 나 같은 이가 이렇게 남들에게 베풀 수 있다는 사실이 믿어지지 않는다.

쓰다 버린 휴지 조각 같은 인생을 살아온 내가 지금 이렇게 살고 있다는 것을 그 누구도 믿지 못할 것이다. 아무도 모르게 오랜 세월을 사람들과 세상을 향해 높은 담을 쌓아 올렸다. 상처뿐인 자아 속에 갇힌 나는 자신을 뛰어넘을 수도, 누가 나에게 다가올 수도 없는 인생이었다. 하지만 지금 그 담은 존재하지 않는다. 나 자신을 뛰어넘었을 뿐만 아니라 세상이 나를 향해 뛰어들어 오게 되었다. 이건 기적이다. 이 기적을 세상에 나누고 싶어 글을 쓰기 시작했다. 도대체 잡초같이 보잘것없는 인생에 어떻게 기적이 찾아왔는지 그리고 그 기적은 나의 삶을 어떻게 바꾸었는지 조심스레 나누고 싶었다.

하지만 막상 펜을 들자마자 후회가 밀려왔다. 자전 에세이를 쓴다는 일이 이렇게 괴로운 줄 몰랐다. 삶의 궤적을 하나둘 파헤치기 시작하니, 이제까지 가슴속 깊은 곳에 숨겨 두었던 해묵은 감정들이 북받쳐 올라와 주체할 수 없을 때가 한두 번이 아니었다. 처음에는 단지 고난의 인생이 어떻게 봉사의 삶으로 변화되었는지 그 과정을 쓰고 싶었지만 만만한 일이 아니었다. 글 쓰는 내내 울었고 그런 나를 보면서 아내도 울었다. 자식들은 이런 부모의 모습을 보면서 아버지와 어머니의 마음속에 있던 상처와 아픔이 치유되는 과정이라며 긍정적인 이야기를 해주었다. 확실히 몇 주를 울고 나니 무언가 비워지는 듯한 시원함이 느껴졌다. 아마 주님께서 내게 베풀어 주시는 은총이리라. 아내와 아이들의 격려로 글을 계속 써나갈 수 있었다.

무엇보다도 버림받은 나를 일으켜 세워 주시고, 감당해야 할 사명을 주신 하나님께서 내게 글 쓰는 일을 재촉하셨다. 다른 이유라면 몰라도 그분의 말씀이라면 주저할 이유가 없다. 나를 구원해 주신 주님의 사랑으로 완성된 이 책이 수많은 상처 속에 짓눌려 있는 많은 영혼들을 구원의 문으로 이끌어 주기를 간절히 소망한다.

2009년 여름 **박종월**

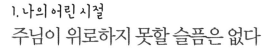

미움의 안경과 사랑의 안경

미움의 안경을 쓰고 보면

똑똑한 사람은 잘난 체하는 사람으로 보이고

착한 사람은 어수룩한 사람으로 보이고

얌전한 사람은 소극적인 사람으로 보이고

사랑의 안경을 쓰고 보면

잘난 체 하는 사람도 참 똑똑해 보이고

어수룩한 사람도 참 착해 보이고

소극적인 사람도 참 얌전해 보이고

사랑의 하나님

오늘 '큰빛부부안경선교회'를 통해

선물 받은 안경이 사랑의 안경이 되게 하소서.

— 낙원의 집 시설장 신정태 목사

1OO4번
안경버스

시작하는 글

"부릉 부릉 부르르릉!"

안경 봉사를 올 때보다 돌아갈 때 들리는 액셀러레이터 소리는 더욱 힘차고 경쾌하다. 이 순간이 나는 제일 행복하다. 봉사를 마치고, 손을 흔드는 사람들을 뒤로하고 집으로 향할 때면 예외 없이 가슴이 뭉클하다. 25인승 미니버스를 몰면서 눈을 뜬 채로 아내와 함께 큰 소리로 기도를 드린다.

"하나님, 오늘 봉사도 무사히 마치게 해주셔서 감사합니다. 예수님의 사랑을 전하게 해주셔서 감사합니다. 많은 어르신들이 세상을 환하게 볼 수 있도록 저희들을 사용해 주셔서 감사합니다. 하나님, 오늘 만난 모든 분들이 안경을 통해서 잃어버린 시력을 회복한 것처럼 이분들의 영적인 눈도 환하게 밝혀 주시옵소서."

오늘은 유난히도 우리 부부의 손을 만지며 고맙다고 인사하신 분들이 많았다.

"어떻게 이렇게 고마울 데가 있나."

"이제 좀 지대로 신문을 보겠네."

"아이고! 천사여, 천사."

기껏 안경 하나 맞추어 드렸을 뿐인데 할아버지, 할머니들은 명절을 맞은 어린아이처럼 신이 나셨다. 이런 짧은 인사와 따뜻하게 잡아 주시는 손길이 우리에게는 섬김에 대한 보수라면 보수다.

"천사여, 천사."

사실 이런 말을 들으리라고는 꿈에도 생각할 수 없었다. 내 인생은 얼굴에서 밝은 빛이 나고, 하나님을 섬기며 사람들을 돕는 천사의 이미지와는 전혀 어울리지 않는 모습이었다. 나는 소년원과 경찰서를 36번이나 드나들던 막장 인생을 살았고, 태어난 것을 원망하고 세상을 저주했으며 쓰레기더미처럼 아무렇게나 살다 사라질 사람이었다. 그러나 하나님께서는 내게 기적을 베푸셨다. 천지를 창조하셨던 그 손으로 나의 삶을 손수 다시 빚으셔서 나를 새로운 피조물로 만드셨다. 그 놀라운 기적을 나누는 것이 하나님의 뜻이라고 생각한다.

안경과 인연을 맺게 된 것도, 배우고자 하는 일념으로 늦은 나이에 안경광학과를 졸업한 것도, 안경을 통해 많은 영혼들에게 주님의 사랑을 알리는 것도 모두 주님의 계획이었다. 주님의 계획이 우리를 통해 실행으로 옮겨지던 그 첫 봉사의 날을 나는 절대 잊을 수가 없다.

2002년 7월 10일 공주 원로원으로 첫 안경 봉사를 떠났다. 내가 다니던 천성교회의 조유증 장로님과 안경사인 둘째 처남이 우리의 첫 봉사에 함께해 주셨다. 모든 것이 처음이라 가슴이 뛰고 설레었다. 아내와 나는 몇 번이고 거울을 들여다 보며 어르신들을 맞이하는 연습을 했다.

"안녕하세요? 어르신, 날씨가 참 좋죠?"

"샬롬! 반갑습니다."

"아버님 어머님, 평안하셨어요?"

마치 소풍 가는 어린아이처럼, 면접 보는 수험생처럼 가슴이 두근거렸다.

아내는 내게 말했다.

"여보, 왜 이렇게 가슴이 떨리는지 모르겠어요."

평생을 하나님과 세상을 향해 '주십사' 손을 벌리기만 하다가 처음으로 '나누어 드리러' 가려니까 가슴이 떨렸다. 비록 작은 것이지만 나눈다는 사실에 매우 행복했다. 나누는 기쁨이 받는 기쁨보다 크다는 이야기를 많이 들었지만 이제야 그 말이 실감 났다.

새벽 6시, 온 가족이 일어나 기도를 드리고 공주 원로원으로 떠났다.

약 4시간을 달려서 오전 10시 30분 드디어 첫 봉사가 시작되었다. 기도로 준비를 하고 이미 대기하고 계신 어르신들을 반갑게 맞이하며 안경 봉사를 시작했다.

막상 봉사가 시작되니 매우 바빴다. 약 30여 명의 어르신들의 시력을 일일이 검사하고 시력에 대한 상담을 해드리며, 한편에서는 안경도 제작하니 눈코 뜰 새 없이 바빴지만 나와 아내, 그리고 동행한 처남 모두 힘든지도 몰랐다. 처음에는 어르신들을 대하는 것이 조금 어색했지만 금세 친부모님을 대하는 것처럼 편하게 대화하게 되었다. 특히 아내는 매우 유머러스한 성격이어서 어르신들이 매우 좋아하셨다.

어르신들을 뵈니 돌아가신 부모님 생각이 났다. '살아 계셨다면 꼭 이분들과 같은 모습이겠지.' 어르신들의 이마에 새겨진 주름 속에서 그리고 가녀린 손마디와 터진 손등에서 부모님의 모습이 그려졌다. 나는 한 번도 부모님의 손을 따뜻하게 잡아 드리지 못했는데……. 내 아버지와 어머니의 손을 잡듯 차에 오르내리는 어르신들의 손을 잡아 드렸다.

한참 봉사를 하고 있는데 한 노인께서 우리 부부에게 다가오셨다. 얼핏 보기에도 여든은 넘어 보이셨다. 그분은 손에 한지를 들고 계셨는데 다짜고짜 우리 손을 잡더니 말씀하셨다.

"참 좋은 일 하네. 참 좋은 일 하네. 고마우이. 고마우이."

그러자 옆에 있던 다른 분들이 말씀하셨다.

"혹시 '초록바다'라는 시 알아요?"

"잘 모르겠는데요."

"아니, 그 유명한 시도 몰라요? 애들 교과서에도 나오는데. 노래도 있잖아요. 초록빛 바닷물에 두 손을 담그면 초록빛 바닷물에 두 손을 담그면."

"아! 그 '초록바다'요? 알죠, 알아."

"바로 이 할아버지가 그 시를 쓰신 박경종 시인이세요."

자신의 신분이 밝혀지자 어르신은 환하게 웃으셨다.

"정말 고마우이. 정말 고마우이. 부부가 이렇게 좋은 일 하네."

나는 그동안 어르신을 찾기라도 했던 것처럼 말했다.

"아니, 어르신 여기 계셨어요?"

어르신께서는 가족들에게 부담을 지우기 싫어서 친구들이 있는 공주 원로원에 오셨다고 했다. 그리고 이곳에서 후손들을 위해 기도하며 여생을 보내고 있다고 하셨다. 어르신은 가지고 있던 한지를 우리 부부에게 내밀었다.

"이게 뭐예요?"

"내가 88세 생일 때 기념으로 쓴 시야. 아마 내 마지막 글씨가 될 것 같아. 지금은 손이 너무 떨려 쓸 수가 없거든. 당신 부부한테 선물하고 싶어서……."

한지 위에는 '초록바다' 시가 맵시 있게 쓰여 있었다.

"초록빛 바닷물에 두 손을 담그면 초록빛 바닷물에 두 손을 담그면 파란 하늘빛 손이 되지요."

시를 보자마자 아내가 작은 소리로 노래를 부르듯 읽었다.

"아니, 이 귀한 걸 저희한테 주세요? 괜찮아요. 마음만 받을게요."

갑작스런 선물에 나와 아내는 매우 당황했다. 그것도 88세 나이에 본인이 친필로 쓰신 글이라고 하니 더욱 부담이 되었다. 하지만 어르신은 꼭 우리에게 주고 싶다며 한지를 내미셨다. 어르신의 간곡함과 첫 봉사에 소중한 기념이 되겠다 싶어 두 손으로 시를 받았다. 어르신은 선물을 주시면서 한마디를 남기셨다.

"당신들 손이 파란 손이야. 하늘빛 손이야. 계속 그렇게 살어."

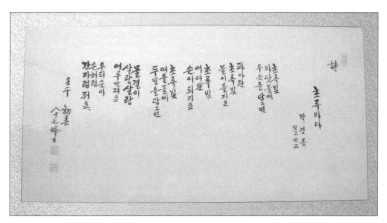

초록바다
박경종
짓고 쓰고

초록빛
바닷물에
두 손을 담그면

초록 빛
물이 들지오

초록빛
물이 들면

손이 파랗다

초록빛
여울물에
두 발을 담그면

초록 빛
여울물에
여울물에 되오

살랑살랑
어루만져요

우리 손이
저절로
잔 손이 되오

초록
수 건 初春
手巾

======= 첫 봉사에서 만난 박경종 시인이 88세 생일에 손수 쓰신 '초록바다' 시를 선물로 주셨다.

주님을 알기 전 내 손은 수많은 죄를 지어온 검은 손이었다. 늘 부끄러운 손이었다. 그런데 이제 내 손은 파란 손이다. 주님이 주신 멋진 선물이다. 이 손으로 주님과 함께한 안경 봉사가 벌써 7년째다. 많은 어르신들에게 밝은 빛을 전하고자 전국 방방곡곡을 누비며 바쁘게 뛰었다. 육신의 눈이 아니라 마음의 눈으로 그분들이 주님을 밝히 보길 바라면서 오늘도 주님의 말씀에 순종한다.

"자, 준비해라. 함께 가자".

주님이 위로하지 못할
슬픔은 없다

아부지! 아부지!

사람마다 자신의 삶을 돌아보면 좋았던 추억들이 얼마간은 있을
것이다. 힘들고 어려울 때면 그때의 추억을 떠올리며 살아갈 힘을
얻는다. 하지만 나는 내 과거를 묻어만 두고 싶었다.

힘든 일도 시간이 지나면 좋은 추억이 되기도 하니 가끔은 '옛날
에 내가 말이야' 하면서 자녀들에게 이야기할 법도 한데 도무지 그
렇게 되지 않았다.

나의 과거는 단지 지나간 옛일로 치부하기에는 너무나 큰 아픔으
로 가득하다. 여전히 가슴을 찌르는 아버지와 어머니에 대한 그리움
과 원망이 지금까지도 뼈아픈 고통으로 남아 있다.

나는 1950년 6월 25일 우리 민족 최대의 비극이 일어난 바로 그날

에 전라북도 순창군 풍산면 죽곡리에서 태어났다. 순창읍에서 약 4킬로미터 정도 떨어진, 읍내로 가는 길 옆 마을이었다. 전쟁 통에도 소란함을 느끼지 못할 만큼 아주 조용하고 가난한 산골이었다. 나의 아버지는 5남매 중 막내로 태어나셨다. 아버지는 어려서부터 총명하고 힘이 장사였다고 한다. 시골이었지만 마차를 가지고 계실 정도로 넉넉하게 사셨다. 그 당시 마차는 최고급 교통수단이었다. 운임을 현금이 아닌 쌀, 곡식 등으로 지불하였기 때문에 창고에 쌓아 둘 곳이 없을 만큼 양식이 많았다고 한다. 하지만 안타깝게도 그 혜택이 나에게까지 돌아오지 않았다.

아버지께서는 직업상 장이 서는 곳을 찾아다니셨는데 가는 곳마다 여자들과 함께 지내기를 좋아하셨다. 나는 그중 한 첩에게서 태어난 서자였다.

내가 태어나던 시기에 우리 집은 매우 가난했다. 아버지는 노름과 술, 담배, 여자에 빠져 있었고 집안도 파산 직전이었다. 심지어는 내가 태어난 날 아침에 집 앞을 지나가는 군인들이 트럭 위에서 던져주는 건빵을 받아 아침을 해결할 정도였다고 한다. 아들을 낳고도 따뜻한 미역국 한 그릇 드시지 못한 어머니를 생각하면 지금도 가슴이 미어진다. 결국 나를 낳으신 어머니는 아버지의 행패와 무능력을 견디지 못하시고 이웃에 사는 능력 있는 젊은 남자를 만나 나와 아버지를 버리고 떠났다. 이것이 태어난 지 얼마 되지 않아서 내가 겪은 불행의 시작이었다.

이때부터 나는 아버지의 첫째 부인인 큰어머니와 큰어머니의 자녀들인 형 세 명, 그리고 나와 같은 어머니에게서 태어난 누나 한 명과 함께 살았다. 일곱 식구가 방 두 칸짜리 초가집에서 살았는데 그나마 집도 남의 논 일부를 무료로 빌려 지은 것이었다. 집 근처에는 학교, 면사무소, 지서 등이 있었다. 우리 집은 이곳을 드나드는 사람들에게 술장사를 하면서 겨우 입에 풀칠하는 생활을 해나갔다.

그때는 대한민국 전체가 그러했겠지만 정말 먹을 것이 없었다. 아침부터 저녁까지 먹고사는 것이 최대의 목표였다. 하루 세 끼 먹으면 인생이 행복한 것이고 먹지 못하면 인생이 불행한 것이었다. 개나 말, 소와 별반 다를 것 없는 삶이었다.

당시에 먹은 음식 중 보리개떡이 가장 기억에 남는다. 겨울에 먹을 것이 없어서 돼지 주려고 받아 놓은 물에 보리를 갈아 넣고 사카린이나 소다를 넣어서 떡을 하면 빨간 색깔의 이 개떡이 되었는데 우리는 이것을 보리개떡이라 불렀다. 만약 요즘 시대에 이런 떡을 만들어 팔면 웰빙 음식이라고 각광을 받을 수도 있겠지만 당시 우리 가족에게는 생존의 음식이자 가난의 상징이었다.

또한 소나무 껍질을 벗겨서 하얀 생채를 먹었던 기억도 선명하다. 그것은 유일한 간식거리였는데 문제는 이 생채를 많이 먹으면 극심한 변비에 시달리게 된다. 심지어는 꼬챙이로 대변을 파내는 경우도 다반사였다. 이 밖에도 껌 대신 삘기나 밀을 씹어 먹기도 하였다. 아마 격동기를 보낸 중년 이상의 우리나라 국민이라면 이러한 기억들을 한두 가지쯤은 가지고 있을 것이다.

여섯 살이 되었을 때 한 살 위인 이복형과 함께 초등학교에 입학했다. 내 위로 형이 세 명이나 있었기 때문에 학교에서 나를 무시하거나 건드리는 친구들이 아무도 없었다. 동급생은 물론이거니와 한두 살 많은 형들도 나에게 꼼짝 못했다. 가난하고 힘든 시절 의지할 것 없던 내가 유일하게 의지한 것이 주먹이었다. 학교를 가기 위해 집 앞을 지나가는 이웃 학생들을 위협해서 도시락을 빼앗아 먹거나 돈을 빼앗기도 했다. 상황이 이러니 학교 공부를 열심히 했을 리가 없다. 학교는 놀거나 주먹을 휘두르거나 급식을 받아먹기 위해서 다녔다.

나는 5학년 때까지 이름 석 자도 못 썼다. 시험지에 이름을 적어내야 하는데 내 이름을 쓸 줄 몰라서 그냥 백지로 제출했다. 한번은 선생님이 6·25 노래인 '아아 잊으리 어찌 우리 이날을'을 부르라고 하셨다. 당시에 이 노래는 어린아이부터 어른까지 모르는 사람이 없었다. 어디에서든 쉽게 듣고 부르던 노래였다. 하지만 나는 몇 소절을 부른 후 가사가 생각나지 않았다. 아니, 생각나지 않은 것이 아니라 몰랐다. 그만큼 먹고 노는 것 외에는 관심이 없었다.

내가 6학년 때 아버지와 큰어머니가 심하게 다투셨다. 큰어머니는 참다못해 순창읍의 큰누나가 결혼해 살고 있는 곳으로 형들을 데리고 나가셨다. 친어머니가 집을 나가시고 몇 년 뒤 그렇게 큰어머니마저도 형들과 함께 집을 나가신 것이다.

그때 아버지는 병중이셨다. 몸을 가누기도 힘들었기 때문에 전혀 일을 하실 수 없었다. 나는 그런 아버지와 단둘이 남겨졌다. 그때 얼마나 외롭고 슬펐는지 모른다. 버림받은 슬픔으로 가슴에 커다란 구멍이 생긴 것 같았다. 사랑하는 사람들은 늘 아버지와 나를 떠나갔다. 지금도 그때를 떠올리면 가슴이 미어진다. 병들어 움직일 수 없는 아버지와 연약한 어린 소년의 모습이 상상 된다. 가난과 죽음의 공포로 둘러싸인 초막집에는 언제나 정적만이 흘렀다. 인간다운 삶이 무엇인지 제대로 배울 기회조차 없었던 소년은 눈앞에 있는 두려움과 외로움에 밤새 시달리며 다음 날은 어떻게 빌어먹을까 하는 생각에만 잠겼다.

그때 아버지의 마음은 어떠했을까? 지금 손자, 손녀를 둔 할아버지로서 당시의 아버지의 심정을 헤아려 본다. 상상할 수 없는 좌절과 분노, 두려움, 외로움이 그를 사로잡았을 것이다. 인간에 대한 배신감, 고통스런 삶에 대한 회의감, 어린 자식에 대한 연민과 그 앞에서 무력한 자신을 보면서 하루에도 몇 번씩 죽고 싶었을 것이다. 그렇게 두 남자는 광야에 버려졌다.

초등학교 6학년짜리가 할 수 있는 것은 거의 없었다. 배가 고프면 이웃 신자 누나네 집에 가서 얻어먹었다. 그리고 남은 음식을 집에 가져와 죽을 쑤어 아버지에게 드렸다. 아버지의 몸은 점점 더 쇠약해져 갔다. 누구에게도 자신의 상태를 말하지 않았지만 마지막이 다가오고 있음을 느낄 수 있었다.

아버지는 나를 무척 사랑하셨다. 아픈 몸이었지만 언제나 당신의 무릎 사이에 나를 끼고 가슴으로 꼭 껴안고 주무셨다. 아마 아버지는 자신의 외로움과 두려움을 그렇게나마 해소하려고 했던 모양이다. 화려한 시절에 함께했던 사람들이 모두 당신의 곁을 떠나가는 것을 보면서, 유일하게 남은 아들마저 떠날까 두려우셨을 것이다.

내가 주님을 만나기 전, 거친 삶에 버팀목이 되어준 것이 있다면 바로 이 기억이다. 그때 이후 나는 어디를 가든지 아버지의 무릎을 기억했다. 결혼 후 내 아들 녀석을 그렇게 꼭 안아 보았는데 그 녀석은 무척이나 답답해하고 싫어했다. 하지만 나에게는 아버지 무릎 사이에서 느꼈던 온기가 유일한 삶의 등불이었다.

어느 추운 겨울날, 그날도 아버지께서는 나를 당신의 무릎 사이에 끼고 주무셨다. 잠에서 깨어 몸을 뒤척이면서 아버지 다리 사이에서 나오려고 하니 아버지의 다리가 움직이지 않았다. 꽁꽁 굳어 있는 아버지의 다리는 좀처럼 풀리지 않았다. 하나뿐인 아버지, 나를 사랑해 주신 유일한 분. 그렇게 아버지는 추운 겨울날 돌아가셨다. 예상했던 일이었기에 오히려 담담했다. 눈물조차 흐르지 않았다.

나는 제일 먼저 이웃집 누나에게 이 사실을 알렸다. 그리고 고모네 집으로 달려갔다. 내가 살고 있는 곳에서 약 3킬로미터 정도 떨어져 있었는데 평소에 아버지께서는 당신이 죽으면 제일 먼저 그곳에 가서 죽음을 알리라고 하셨다. 그리 멀지 않은 곳이었지만 그때까지 한 번도 가본 적이 없었다. 처음으로 만난 고모에게 인사를 하고 당신 동생의 마지막을 말했다.

소식을 알리자 고모는 나를 와락 안아 주셨다.

"조카야, 걱정 마라. 어떻게든 너는 살 방법이 있을 거야. 네가 필요한 만큼 쌀을 가지고 가."

고모는 돌아가신 아버지에 대해서는 아랑곳하지 않고 홀로 남은 어린 조카의 생계를 걱정해 주셨다. 고모는 자루에 약 한 말 정도 되는 쌀을 담아서 어깨에 짊어지고 갈 수 있게 끈으로 묶어 주셨다.

참으로 서글프게도 그 쌀을 짊어지고 오면서 부자가 된 것 같은 포만감을 느꼈다. 아버지가 돌아가셨다는 것조차 잊어버리고 배부르게 먹을 수 있다는 든든함과 만족감에 들떠서 집에 도착했다.

집에 돌아오자 소식을 듣고 온 형들과 이웃 사람들이 아버지를 포대에 싸서 대나무로 만든 끈으로 그 끝을 묶고 있었다. 그제야 나는 쌀을 팽개치고 방으로 달려들어 갔다. 포대를 벗기고 아버지의 얼굴을 바라보면서 울부짖었다.

"아부지! 아부지! 말 좀 해보세요. 나는 어떡하라고! 아부지, 눈 떠요. 앞으로는 바가지 가득 맛있는 것 많이 얻어 올 테니까 같이 먹고 살아요. 아부지! 고모가 하얀 쌀 줬어요. 지금 밥해서 같이 먹어요. 눈 떠! 눈 떠!"

아버지 입에는 엽전이 물려 있었다.

그날 저녁 대나무로 묶은 아버지의 시신을 지게에 지고 집 뒷산 너머 공동묘지로 향했다. 겨울이라 땅이 잘 파지지 않아 마을 사람들이 힘들어했다.

하늘에는 별, 눈앞에는 하얀 눈밭인 공동묘지에 나는 홀로 서 있었다. 이제 혼자다. 사람들은 나를 떠났다. 아버지도 나를 떠났다.

원수의 밥을 먹을 수는 없다

이제 바가지를 가지고 밥을 얻으러 다닐 명분이 없어졌다. 밥을 얻으러 다닐 때마다 누워 있는 아버지에게 죽 끓여 드려야 한다고 이야기 했었는데, 그 아버지가 돌아가셨으니 밥도 못 얻어먹게 되었다.

그때부터 집 근처에 있는 면사무소와 학교 주위를 맴돌았다. 면사무소 직원들이 먹다 남은 음식을 쓰레기통에 버리면 그것을 주워 먹었다. 창피함도 없었고 서러움도 없었다. 먹고살 수만 있다면 무엇이든 할 수 있었다. 쓰레기통 속에는 몽당연필이나 폐지가 많았다. 당시 면사무소에서는 잉크를 받아 사용하는 등사기가 있었는데, 나는 잘못 등사해서 버린 종이들을 모아서 노트로 사용하거나 딱지를 만들어 놓았다. 또 누군가 신다가 다 떨어져서 버린 검정 고무신을 뜯어서 지우개로 사용하기도 했다. 그렇게 생긴 연필과 노트, 지우개가 내 유일한 학용품이었다. 그때는 지금처럼 애써 강조하지 않아도 모든 물품을 재활용했다. 먹다 버린 음식, 쓰다 만 폐휴지도 나와 같은 사람들의 손을 통해 쓸모 있게 변했다.

나의 발등에는 큰 흉터가 있다. 어릴 때 망태와 낫을 가지고 풀을 베려고 들에 갔을 때 생긴 상처다. 들판에서 한 친구와 싸움이 붙었는데, 그 친구가 내 발길질을 피하면서 들고 있던 낫으로 내 발등을 갈라놓은 것이다. 피가 철철 흐르고 발이 너덜거렸지만 바를 약이 없었다. 그래서 당시 만병통치약이라 여겼던 된장을 발에 바르고 천

조각으로 발을 동여매었다. 그렇게 몇 날 며칠을 발이 낫기만을 기다렸다. 지금 생각해 보면 아찔하다. 된장으로 인해서 덧나거나 파상풍이 생겼더라면 심할 경우 발을 절단해야 했을 텐데, 그때는 그것만이 내가 할 수 있는 최고의 응급조치였다. 다행히 시간이 지나자 발이 아물었다.

이후 어느 날 운동장에서 공을 찰 때였다. 밖으로 나가는 공을 잡기 위해 달리다가 탱자나무 울타리에 이마를 찔려서 피가 철철 흘렀다. 함께 공을 차던 형이 나를 보고 "된장! 된장!" 하고 소리를 질렀다. 지난번처럼 된장을 바르라고 놀렸던 것이다. 이후로 친구들은 나만 보면 "된장! 된장!" 하면서 놀렸다.

나는 늘 배가 고파서 닥치는 대로 먹었다. 학교에서 나누어 주는 우유 가루와 강냉이 가루를 먹었다. 학교를 가야 할 최고의 이유가 있다면 바로 이 급식 때문이었다. 방과 후에는 아이스께끼(아이스크림) 장사를 기다렸다. 당시 아이스크림 장사는 "아이스께-끼! 아이스께-끼!" 하고 외치며 자전거 뒤에 아이스크림통을 달고 다니면서 장사를 했다. 나는 아이스크림을 사 먹을 돈이 없었기 때문에 아이스께끼 장사의 자전거를 밀어 주면서 통 밑으로 녹아 흘러나오는 아이스크림 단물을 빨아 먹었다. 그때 먹었던 아이스크림 맛은 이 세상 무엇과도 비교할 수 없는 환상적인 것이었다.

또 초겨울이면 산에서 시제 드리는 곳을 쫓아다녔다. 제사를 드릴 때는 제일 먼저 죽은 조상들에게 음식을 골고루 뿌리고 묘 위에다 음식을 차려 놓는다. 시제가 끝나면 나는 옆에서 기다리고 있다가 재빨리 그 음식을 챙겨 먹었다. 그 음식들은 거의 내 차지였다. 먹는 것을 밝히는 나를 보고 사람들은 내 이름을 부르지 않고 '묵보'라고 불렀다. 묵보가 내 이름이었다. 요즘도 가끔 누군가 아이들을 향해 '묵보'라고 부르면 아련한 마음이 생긴다. 그 호칭에는 아버지를 여의고 살아남으려고 발버둥 쳤던 내 어린 시절이 고스란히 담겨 있기 때문이다.

나를 떠난 친어머니는 근처 마을에서 부잣집 후처로 들어가서 아들을 낳고 살고 계셨다. 어느 날 면사무소에서 일하는 어떤 사람이 내게 어머니가 읍에서 국밥 장사를 하니 거기 가서 먹으라고 가르쳐 주었다. 나는 그때까지 어머니를 잊고 살았다. 아니 잊으려고 했었다. 병에 걸린 남편과 아들을 버려둔 채 자신의 배만 불리며 친자식을 한 번도 돌아보지 않은 어머니를 생각하면 죽도록 밉고 원망스런 마음이 들었다. 아버지는 살아 계셨을 때 쇠파이프를 머리맡에 두고 내게 이렇게 일러 주셨다.

"그 웬수 여기 오기만 해봐라. 죽여 버릴 거다. 만약 내가 죽이지 못하면 네가 대신 엄마를 뺏어 간 그 웬수 놈을 죽여라. 그리고 그년은 이제 네 엄마가 아니야. 알았지?"

아버지가 내게 마지막으로 남기신 유일한 말씀은 '엄마를 데리고 간 남자에게 복수해라. 너를 낳은 엄마는 네 엄마가 아니다'였다.

나는 면사무소 아저씨의 이야기를 듣고 읍에 가보기로 마음먹었다. 장터에 가보니 정말 친어머니가 있었다. 옆에는 큰 가마솥에서 고깃국이 펄펄 끓고 있었다. 나는 먼발치에 숨어서 어머니를 바라보

왔다. 정말 고깃국이 먹고 싶었고 당장이라도 "엄마!" 하고 부르면서 달려가 안기고 싶었다. 얼마나 오랫동안 불러 보지 못했던 이름인가! 그런데 바로 옆에 남자 어른이 보였다. 그 남자의 얼굴을 보자 아버지가 생전에 당부했던 말이 생각났다. 나는 검정 고무신을 벗어 양손에 쥐고 죽어라 맨발로 뛰었다.

'원수의 밥을 먹을 수는 없다. 절대로, 절대로……'

그 뒤로 나는 스무 살이 될 때까지 어머니를 어머니라고 부르지 않았고 만나지도 않았다.

내 인생의 아킬레스건을 꼽는다면 바로 어머니다. 누구에게든 어머니는 마음의 고향이자 어떤 순간에라도 의지하고 돌아갈 수 있는 안식처이다. 어머니를 일찍 여읜 사람들에게조차도 어머니는 따뜻한 사랑과 애틋한 그리움의 대상이다. 아마 그것은 인간의 본능이며 하나님께서 우리에게 주신 복된 삶의 기본일 것이다. 하지만 나에게 있어서 어머니는 그렇지 못했다. 나를 외롭게 만든 장본인이며 모든 고통의 근원과도 같은 존재였다. 그래서 나는 어머니에 대해 생각하거나 이야기하는 것을 싫어했다.

성인이 되었을 때 서울에서 어머니를 다시 만났다. 그리고 바로 아래윗집에 살기도 했다. 어머니가 후처로 가서서 낳은 아들과 함께 장사도 하고 오랫동안 교류하며 살았다. 하지만 어렸을 때 내 마음속에 드리워진 상처의 그늘을 좀처럼 벗어나기는 힘들었다. 어머니와 나는 항상 보이지 않는 긴장 관계에 있었다.

내가 낳은 아들, 즉 손자를 어머니는 참으로 귀여워하고 예뻐하셨다. 그리고 명절이 되면 만나서 음식을 나누었다. 겉으로 보기에는 남들처럼 평범한 모자 관계로 회복된 듯했다. 하지만 마음 한 구석에는 해결해야 할 숙제가 남아 있었다. 불편함과 원망 그리고 아쉬움과 한 맺힌 그리움이 어머니와 나 사이에 존재했다.

응봉동 산동네에서 어머니와 아래윗집에 살던 시절. 뒷줄 가운데가 어머니.

결국 어머니와 나는 그 숙제를 해결하지 못하고 말았다. 지난 2002년 겨울, 병석에 계시던 어머니는 숨을 거두셨다. 나는 장례식에도 참석하지 않았다. 아들 녀석에게조차 자기를 사랑했던 할머니의 죽음을 알리지 않았다. 어쩌면 해결하지 못할 숙제라면 덮어 두는 게 낫다고 생각했는지도 모른다. 어머니의 부고 소식을 듣고 혼자 며칠 동안 여행을 떠났다. 가족들에게 나의 슬픔과 눈물을 보이기 싫었기 때문이다. 어머니의 죽음 앞에서 눈물을 보이는 것이 당연한데도, 그것을 보고 무어라 이야기할 사람이 아무도 없는데도 그런 모습을 보이기 싫었다. 혼자 여행을 하며 하염없이 울었다. 가슴으로 울고 온몸으로 울었다. 어머니는 그렇게 나를 떠났다.

지금은 어머니도 계시지 않으니 문제 해결의 몫이 완전히 나에게로 넘어왔다. 인간은 40세가 넘으면 좀처럼 변하지 않는다고 한다. 나 스스로도 자신이 없다. 하지만 이사야 61장 1절에 보면 예수님께서 이 땅에 오셔서 마음이 상한 자를 치료해 주신다고 약속하신다. 이제 내가 의지할 분은 오직 예수님밖에 없음을 고백한다. 내가 풀수 없는 문제라고 할지라도 주님은 해결하실 능력이 있음을 믿는다. 주님이 움직일 수 없는 높은 산이 없고 주님이 잠잠케 못할 험한 파도가 없으며 주님이 위로하지 못할 슬픔이 없음을 믿는다.

아마도 주님은 이 책을 쓰는 과정을 통해 어머니에 대한 나의 섭섭함과 아쉬움을 풀도록 하시는지도 모른다. 지금 나는 어머니에 대한 모든 감정을 주님께 온전히 맡겨 드린다.

주 여호와의 영이 내게 내리셨으니 이는 여호와께서 내게 기름을 부으사 가난한 자에게 아름다운 소식을 전하게 하려 하심이라 나를 보내사 마음이 상한 자를 고치며 포로된 자에게 자유를, 갇힌 자에게 놓임을 선포하며

🌿 이사야 61:1

면사무소 사환, 이발소 보조 그리고 서울로

그 후에도 나는 여전히 쓰레기를 뒤지고 다녔다. 어느 날 쓰레기를 뒤지고 있는 내 뒤에서 누군가 소리를 쳤다.

"이놈아, 무엇하냐!"

면사무소에서 사환으로 일하는 어른이었다. 사환은 여러 가지 잡무를 담당하던 사람으로 당시에는 '소사'라고 했다.

"너 오늘부터 내 심부름 해볼래? 내 일을 도와주면 밥도 주고 잠도 재워 주마."

나는 망설일 이유가 없었다.

"네, 시켜만 주세요."

그분은 나를 데리고 숙직실로 갔다. 숙직실에는 거무죽죽하게 탄 자국이 있는 노란 종이 장판이 깔려 있었는데 매우 따뜻했다. 그분은 내게 자신의 작업복 바지를 주며 우선 그것을 입으라고 했다. 버선과 끈도 주면서 바지를 올려 입으라고 했다. 큰 장화도 주었다. 그리고 곧바로 심부름을 시켰다. 노란 봉투를 주면서 대가리마을에 다녀오라는 것이다. 나는 그 말을 듣고 겁이 덜컥 났다. 면사무소에서 대가리마을까지는 약 4킬로미터 정도 되는데 그 길목에는 한센병 환자들이 모여 살았기 때문이다. 소문에 한센병 환자들은 사람 간을 먹으면 병이 낫기 때문에 아이들의 간을 빼서 먹는다고 하였다. 나는 소문 이야기를 하면서, 무서워서 도저히 갈 수가 없다고 했더니 그분은 피식 웃으면서 노란 완장을 가지고 왔다.

"이걸 차고 다녀오렴."

그 완장에는 '반장' 이라고 적혀 있었다.

"이 완장을 차고 다니면 아무도 너를 해치지 않을 거야."

완장을 차자마자 어깨에 힘이 잔뜩 들어갔다. 단지 완장 하나만 찼을 뿐인데 마치 왕이 된 것 같은 기분이었다. 나는 완장을 차고 용기를 내어 첫 번째 임무를 보기 좋게 완수하였다.

그 이후로 나는 열심히 사환 일을 했다. 키가 작았던 나는 당시 내

몸보다도 더 큰 자전거를 타고 다녔다. 이렇게 몇 달 동안 성실하게 일을 했더니 파출소 지서 사환으로 승진이 되었다. 팔에는 완장을 차고, 큰 자전거까지 타며 마치 순경인 척하기도 했다. 친구들은 모두 나를 부러워했다. 내 인생에 찾아온 첫 황금기였다.

면사무소 사환으로 심부름을 할 때 기술을 배우려고 이발소에서 머리 감기는 일도 했다. 그 당시 이발소 일은 매우 힘들었다. 시골 사람들은 평상시에 머리를 감지 않았다. 머리를 깎을 때만 감았다. 그런 사람들의 머리때를 벗기는 일은 어린 나에게 너무나 힘들었다. 하지만 이를 악물고 사람들의 머리를 비비고 때를 벗겨 냈다.

요한복음 13장에는 예수님께서 제자들의 발을 씻기시는 장면이 나온다. 당시 팔레스타인 사람들은 샌들을 신고 다니거나 심지어 맨발로 다니기도 하였다. 그들의 발은 온갖 오물과 더러운 것이 묻어 있었다. 그런데 예수님은 친히 무릎을 꿇고 그들의 발을 씻겨 주셨다. 나는 이 성경 본문을 볼 때마다 어렸을 적에 사람들의 머리를 감겨 주던 일이 떠오른다. 예수님도 더러운 제자들의 발의 때를 벗겨 주는 것이 쉽지 않았을 거라 생각하며 혼자 피식 웃기도 한다.

이발소에서도 열심히 일했다. 이런 나를 이발소 주인은 많이 배려해 주었다. 면에서 읍으로 사업을 확장하여 이전했을 때에도 나를 함께 데리고 갔다. 그리고 이발 기술도 중요하지만 공부를 해야 한다고 하면서 중학교 과정을 담은 교재 '중앙강의록'을 사다 주었다.

나는 저녁 시간이 되면 이발소 주위에 사는 중학생들 집에 가서 강의록을 통해 ABC도 배우면서 어울렸다. 그때는 교복 입고 모자 쓰고 학교 가는 아이들이 너무나 부러웠다. 특히 여학생들이 교복 치마를 휘날리고 지나가면 사춘기였던 나의 마음도 흔들렸다. 그동안 공부하고는 완전히 담을 쌓고 살았는데 생활이 어느 정도 안정되자 공부해서 성공해야겠다는 생각이 강하게 들었다.

나는 서울로 가서 보란 듯이 성공하고 싶었다. 지금 이곳에서는 그 꿈을 이룰 수 없을 것 같았다. 지긋지긋한 고통으로 얼룩진 순창을 떠나 성공의 땅인 서울로 가고 싶었다.

마침, 고아원에서 살던 친구가 서울로 가겠다고 해서 나도 무턱대고 따라가기로 했다. 하지만 서울로 갈 차비가 있을 턱이 없었다. 약속 날짜가 다가오면서 마음이 조급해졌다. 결국 도둑질을 결심했다. 이발소 기술자로 있던 형의 손목시계를 몰래 훔쳤다. 그리고 그 시계를 친구에게 차비로 주고 함께 서울로 향했다. 그러나 어린 우리들이 서울로 간다는 것은 출발부터가 무리였다. 버스를 타고 전주까지는 왔지만 서울까지 갈 차비가 턱없이 부족했다.

저녁 11시경 열차를 몰래 타고 가기로 했다. 3인석의 완행열차였다. 열차 안에 있다가 역무원들이 올 때면 시골 아주머니들이 계신 자리 밑으로 들어가 숨었다. 아주머니들은 자식 같은 우리들을 불쌍히 여겨서 역무원이 올 때마다 적극적으로 숨겨 주셨다. 참 고마운 분들이었다.

지금도 그때를 생각하면 어디서 그런 용기가 났는지 모르겠다. 열세 살의 나이에 무일푼으로 연고도 없는 서울에 어떻게 무작정 올라왔을까? 교통이 발달된 지금도 서울과 순창은 먼 거리다. 당시에는 어른들도 평생 몇 번 가볼까 말까한 곳이 서울이었다. 그런데 열세 살의 나이에 서울을 향해 대담한 모험을 감행한 것이다. 그렇게 출애굽의 역사가 시작되었다.

나의 청년 시절 **2.**

하나님께서
미워하시는 자

약육강식의 세계로

　서울역에 도착한 시간은 새벽 4시경이었다. 추석 전이었기에 날씨는 참 좋았다. 하지만 어찌나 시끄러운지 눈이 빙글빙글 돌면서 어지러웠다. 서울은 역시 다르구나 하는 실감이 났다. 순창읍과는 비교할 수 없는 높은 건물들이 많았다. 시골에서는 좀처럼 볼 수 없었던 자동차도 눈에 띄었다. 당시 좋은 곳이나 화려한 곳을 보면 '미국 같다'는 말을 했는데 미국에 가면 정말 이런 모습일 거라는 생각이 들었다. 밤새 역무원과 숨바꼭질하며 다섯 시간 이상을 잠도 못 자고 왔기 때문에 몹시 피곤했다. 잠시 쉬려고 벤치에 누웠다가 이내 잠이 들었다.

　잠시 후 누군가가 나를 흔들어 깨우는 것이었다.

39
나의 청년 시절

"너 어디서 왔냐? 촌놈아!"

일어나 보니 나와 비슷한 또래의 아이가 신문을 안고 서 있었다. 나는 어리둥절해 하며 대답했다.

"전라도 순창."

"뭐? 순창? 너 잠잘 데 없지? 배고프지?"

"응."

"그럼 나 따라와라. 이 신문 나하고 같이 팔면 밥 사줄게."

나의 서울역 생활은 그렇게 시작되었다. 7년간 서울역 주변에서 새벽 5시 첫차부터 밤 11시 막차까지 암표와 신문을 팔았다. 외모가 훤칠하고 싸움을 잘했던 나는 인기가 있었다. 또한 적극적이고 긍정적으로 사람들을 대해서 주위에 따르는 사람들이 많았다. 서울역 근처 식당을 운영하던 한 사장님은 나를 좋게 보고 양아들처럼 대해 주시기도 했다. 태어나 처음으로 먹을 것에 대한 걱정 없이 지냈던 시절이었다.

하지만 서울역 생활이 그리 호락호락한 것은 아니었다. 당시 한국일보사에서 집 없는 청소년들을 위한 '사랑의 집'을 운영했는데 나는 사랑의 집 서울역 분소에서 실장을 맡았다. 여기에 모인 아이들은 전국 각지에서 집안 형편이 어려워 버림받았거나 공부하기 싫어서 집을 뛰쳐나온 아이들이었다. 그 때문에 주먹 좀 쓴다는 문제아들이 수두룩하였다. 50~150명 정도 항상 모여 있었는데 언제 해를 당할지 몰랐다. 완전한 힘의 세계였다. 실장인 나는 그들을 힘으로 짓눌렀다. 말을 듣지 않는 경우에는 연탄집게로 머리를 때려서 아이들의 머리에 구멍을 내는 경우도 다반사였다. 물론 가슴 섬뜩한 일이었지만, 그렇게 하지 않고서는 도무지 통제할 수가 없었다. 그곳의 아이들 대부분은 서울역에서 나름의 조직을 결성하고 신문팔이나 구두닦이, 암표팔이, 방석잡이 등의 일을 했다.

당시 시골에 내려가는 교통편은 오직 열차뿐이었다. 특급과 보통과 완행이 있었는데 통일호가 특급이었다. 부산까지 850원 정도 했고 암표 값은 1200원이었다. 명절이나 성수기 때는 2000원까지 받을 수도 있었다. 전문 암표상들이 먼저 표를 사놓으면 그 표를 구두닦이, 신문팔이, 껌팔이 등이 팔았다. 전문적으로 호객 행위를 해서 손님에게 전하는 방법으로 거래하였다. 출발 10분 전까지 못 팔면 표 파는 창구에 입석을 사러 오는 사람에게 팔기 때문에 절대 손해를 보지 않았다.

방석잡이도 벌이가 쏠쏠했다. 보통열차나 완행열차는 좌석이 지정되지 않았기 때문에 방석잡이가 의자에 신문이나 물건을 미리 놓고 자리를 확보한다. 그 후 개찰해 들어오는 사람들에게 일정액을 받고 자리를 양보하였다. 보통 장시간 기차를 타야 했기 때문에 승객들은 좌석에 앉으려고 기꺼이 자릿세를 내었다.

이런 이권 때문에 암표상과 방석잡이들은 자기 영역을 지키기 위해 폭력도 서슴지 않았다. 상대편 조직이 조금이라도 자신의 이권을 침해하면 가차 없이 보복하였다. 또 영역을 확장하기 위해서 무자비하게 공격하는 일도 비일비재했다. 나 또한 조직을 동원해 폭행도 많이 저지르고 또 많이 당하기도 했다. 한번은 상대 조직에게 각목과 돌로 구타를 당해 한 달간 일어나지 못한 적도 있었다.

이 밖에도 서울역에는 철도경찰, 즉 공안이 있었다. 이들은 유도와 태권도 유단자들이었다. 만약 암표상을 하다가 붙잡히면 처음에는 구류 3일로 유치장에 갇힌다. 하지만 그 다음부터는 가중되어 29일 동안 경찰서 유치장에서 살아야 한다. 나는 유치장을 밥 먹듯 들락날락했다. 내가 기억하는 것만 해도 서른여섯 번이나 되었다.

나중에 대학생이 된 아들과 밥을 먹다가 내가 젊었을 때 서른여섯 번이나 유치장에 들어갔었다고 말하자 아들은 놀라서 밥도 제대로 먹지 못했다.

이제 끼니는 거르지 않게 되었지만 이런 식의 생활이 반복되면서 몸과 마음은 황폐해져만 갔다.

희망의 끈

물론 삶에 대한 집착과 더욱 나은 삶에 대한 소망도 항상 가슴속에 있었다. 나는 서울역에서 많은 친구들과 선배들을 만났다. 가난했지만 열심히 살아가려는 친구들과 함께 시간이 날 때마다 강의록을 보면서 만학의 꿈을 키웠다.

그중에 부여가 고향인 기준이는 대학에 가기 위해 고학을 하는 친구였다. 기준이를 통해서 '나와는 다른 부류'의 사람들을 만나게 되었다. 나는 비록 기초 실력은 없었지만 신문을 팔면서 짬짬이 틈나는 대로 신문을 계속 읽었기 때문에 어느 정도는 말 상대가 되었다. 우리는 철학적인 문제에 대해서 많은 대화를 나누었다. 여러 차례

우연과 필연에 대한 논쟁 때문에 막걸릿집에서나 포장마차에서 밤새도록 술을 마시면서 토론을 벌이기도 하였다. 태어나서 처음으로 지적인 유희를 경험했다. 비록 초등학교도 제대로 나오지 못했지만 대학 공부를 한 것처럼 스스로가 멋지다는 생각이 들었다.

하지만 내게는 인생의 정답이 없었다. 일어나면 신문과 암표를 팔고 저녁엔 술을 마시고 또 구역을 차지하려고 다른 조직들과 다퉜다. 약육강식의 정글 지대에 사는 동물과 다름없는 생활을 한 것이다. 지금 생각해 보면 그때의 내 삶은 하나님을 떠난 인간의 고통스러운 삶의 대표적인 모습인 것 같다. 하나님을 알지도 못했고 찾지도 않았다.

> 또한 그들이 마음에 하나님 두기를 싫어하매 하나님께서 그들을 그 상실한 마음대로 내버려 두사 합당하지 못한 일을 하게 하셨으니 곧 모든 불의, 추악, 탐욕, 악의가 가득한 자요 시기, 살인, 분쟁, 사기, 악독이 가득한 자요 수군수군하는 자요 비방하는 자요 하나님께서 미워하시는 자요 능욕하는 자요 교만한 자요 자랑하는 자요 악을 도모하는 자요 부모를 거역하는 자요 우매한 자요 배약하는 자요 무정한 자요 무자비한 자라 그들이 이 같은 일을 행하는 자는 사형에 해당한다고 하나님께서 정하심을 알고도 자기들만 행할 뿐 아니라 또한 그런 일을 행하는 자들을 옳다 하느니라
>
> ✷ 로마서 1:28-32

지명 수배자가 되어

그 후 나의 생활은 더욱 방탕하게 되었다. 담배를 심하게 피웠고 몸을 혹사시켜 폐병을 앓았다. 설상가상으로 다른 조직과 싸우다가 살인미수죄로 지명 수배자가 되었다. 이제 서울역 어디에도 발붙일 곳이 없었다. 아무 데도 갈 곳 없는 신세가 된 것이다. 고향에 돌아가 볼까 생각했지만 엄두가 나지 않았다.

나는 서울역에서 생활했기 때문에 역을 오가던 고향 사람들을 간혹 만날 수 있었다. 그 사람들을 통해서 내가 서울에서 깡패 생활을 하고 있다는 소문이 고향에 퍼졌다. 그런 마당에 돌아간다고 해서 환영받을 리가 만무했다.

어느 날 서울역 광장에서 내가 서울에 올 때 시계를 훔쳤던 이발소 형을 만난 적이 있었다. 그 형은 만나자마자 대뜸 그 시계에 대해서는 다 잊어버렸으니 염려하지 말라는 말부터 했다. 그러면서 밥을 사주고 용돈도 주겠다고 하였다. 소문을 듣고 내가 무서웠던 것이다. 나는 그런 형에게 미안하다고 사과하고 열차 자리까지 잡아 주었다. 하지만 마음이 씁쓸했다. 고향 사람들이 '묵보'가 '깡패'가 되었다고 말할 것을 생각하니 서러운 마음이 들었다. 차라리 그냥 먹는 것만 보면 사족을 못 쓰는 '묵보'로 기억되면 좋았을 것을……. 살기 위해 발버둥 쳤던 나의 밑바닥 삶을 그들이 이해해 줄 리 없었다.

나는 병든 몸을 이끌고 17년 동안 헤어졌던 친누나를 찾아 나섰다. 예전에 내 소문을 듣고 매형이 찾아온 적이 있었다. 그때 나는 때가 되면 찾아가겠다고 약속했었다. 친누나는 성동구 응봉동 산동네에서 양복점을 하고 있었다. 1970년대 웅봉동은 완전히 달동네였다. 판잣집이 너저분하게 붙어 있었고 마치 피난 온 사람들이 임시로 사는 것과 같은 그런 동네였다. 누나네 집은 다섯 평쯤 되는 가게와 뒤쪽 방 3칸이 딸린 집이었다. 두 칸은 세를 놓고, 방 한 칸에서 조카 두 명과 누나 부부, 양복점 직공, 나까지 여섯 명이 생활했다. 직공과 나는 가게 재단대 위를 침대 삼아 생활했다.

그곳에서 나의 제2의 인생을 시작했다. 양복점 심부름을 하면서 먹고 자고 양장 기술 학원을 다녔다. 그때는 기성복이 나오기 전이었기 때문에 양장 기술을 조금만 터득하면 충분히 먹고살 수 있었다.

겨울이 되면 일이 끝난 후 메밀묵 장사를 했다. 밤 11시부터 "메밀묵 사려! 찹쌀떡 사려!" 하고 외치면서 어깨에 좌판을 메고 다녔다. 추운 겨울 그것도 밤늦게 장사를 했기에 그 추위는 말로 다할 수 없었다.

지금은 거의 들을 수 없지만 겨울에 가끔 "메밀무-욱! 찹쌀떠-억!" 하는 소리가 들리면 그때가 떠오르면서 온몸이 떨린다. 비록 몸은 고되었지만 난생 처음으로 형제간의 사랑을 경험했다. 행복한 시간이었다. 누나와 매형, 또 어린 조카와 함께 따뜻한 국을 먹을 때면 천국이 따로 없다는 생각이 들었다.

피붙이란 무엇일까? 단지 같은 배에서 나왔다는 이유로 서로를 위하고 또한 챙겨야 하는 의무를 지닌다. 그리고 다른 누구보다도 그 피붙이와 우애를 나누고 살 때 깊은 만족과 평안함을 느낀다. 하나님께서 가장 소중하게 만드신 가족 공동체는 정말 신비하다.

이렇게 생활하던 어느 날, 내 인생에 중요한 획을 긋는 만남이 일어났다.

나의 결혼 시절 **3.**

예수님을
믿기만 하면

바로 저 여자!

1973년, 내가 스물네 살 때였다. 산동네 양장점에서 재봉 일을 하는 지금의 내 처를 만났다. 첫인상은 키도 작고 드세 보여 썩 마음에 들지 않았다. 그런데 야무진 똑순이 기질이 있었다. 거칠고 막무가내인 내게 전혀 밀리지 않았고 기죽지도 않았다. 비록 가진 것은 없었지만 자신감 있게 열심히 사는 모습이 내 마음에 쏙 들었다. 몇 번 그녀와 마주치고는 내 배필로 삼아야겠다고 결심했다.

'바로 저 여자야. 나를 다시 일으켜 세워 줄 여자야.'

나는 다양한 방법으로 그녀에게 접근하였다. 연애라고는 해본 적이 없고 여성을 배려한 경험도 없었기 때문에 매우 서툴렀다. 하지만 내가 머뭇거릴 때면 고맙게도 그녀가 먼저 적극적으로 대해 주었다. 나중에 안 일이지만, 아내가 나를 처음 보았을 때는 내가 길에 누워 잠자고 있을 때였다고 한다. 왜 길바닥에서 잠을 자고 있었는지는 잘 기억이 나지 않지만, 아내는 키 크고 멀쩡하게 생긴 청년이 길에 누워 잠자는 모습이 무척 안쓰러웠다고 한다. 그래서 그 동네 친구에게 물어보았더니, 서울역에서 생활하다가 무슨 일로 수배 중이라 그 일을 청산하기 위해 숨어서 재단 일을 배우는 사람이라고 알려 주었다는 것이다. 이렇게 나에 대한 아내의 첫인상은 길바닥에 누워 자는, 수배 중인 불량배 정도였다. 하지만 교제를 시작하자 아내가 오히려 적극적으로 나왔다.

아내에게 왜 나 같은 사람과 연애했냐고 물었더니, 예전엔 양잿물을 먹고 죽을 생각도 했는데 죽는 셈 치고 이 사람과 반듯한 가정을 꾸려야겠다는 생각이 들었다고 대답했다. 하하! 아내는 죽는 셈 치고 나랑 연애한 것이다.

그녀의 적극적인 리드 덕에 몇 달 동안 사랑의 교제를 나눌 수 있었다. 그런데 나에게는 해결되지 않은 문제가 하나 있었다. 바로 군대 문제였다. 한참 연애를 하고 있는데 입영통지서가 나와 매우 괴로웠다. 하지만 대한민국에서 연애를 하지 않고 살 수는 있어도 군대를 가지 않을 수는 없다. 경찰이 도둑은 못 잡아도 국방부가 미입대자는 반드시 찾는 곳이 대한민국 아닌가! 하는 수 없이 영장을 들고 전주 31사단으로 입대하였다. 늦은 나이에 입대하는 나를 보고 그녀는 한마디 불평도 하지 않았다. 아쉽고 섭섭한 마음이 가득했겠지만, 군대에서 마음을 잡고 미래에 대한 계획을 세워 오라며 오히려 나를 격려해 주었다. 그리고 그때까지 기다릴 테니 염려 말라고 하였다. 그때는 이런 그녀에게 고맙다는 말도 제대로 하지 못한 채 훈련소에 입소했다. 그런데 신체검사를 받는 도중 불행인지 다행인지 귀가 조치를 받게 되었다. 기침을 자주하고 침에 피가 섞여 나오자 군의관은 내 건강을 의심했다. 검사 결과 폐렴 판정을 받았다. 지금이야 폐렴은 아무것도 아니지만 당시에는 잘 먹지도 못했고 약도 없었기에 나와 같은 서민은 죽을 수도 있는 병이었다.

갑작스러운 상황에 어떻게 해야 할지 몰랐다. 심각한 폐병을 지닌 채로 또다시 갈 곳 없는 신세가 되었다. 물론 아내와 누나가 있는 곳으로 돌아갈 수도 있었지만, 마음잡고 계획을 세워서 오겠다고 약속한 터라 자존심이 허락하지 않았다. 더욱이 병든 몸이 아닌가.

어디로 갈까 고민하다가 예전에 서울역에서 알고 지내던 형이 강원도 정선 탄광촌에서 일하고 있다는 게 생각났다. 그곳에 오면 당장 일할 수 있으니 필요하면 언제든 오라고 했었다. 그래서 나는 무작정 강원도 정선을 향했다.

12월경이었기 때문에 정선은 매우 추웠다. 메밀묵 장사를 했을 때 느꼈던 추위는 강원도의 겨울바람과 비교조차 되지 않았다. 얼마나 추운지 세수하고 문고리를 잡으면 손이 바로 달라붙었다. 사람 살 곳이 아니라는 생각도 들었지만, 어쩔 수 없이 탄광에서 일하기로 마음먹었다. 처음 탄광에 도착하니 쌀 한 말, 연탄 스무 장 그리고 합숙방을 선불로 제공해 주었다. 이튿날이 되어 선로를 따라 1톤쯤 되는 수레를 밀고 1킬로미터 정도 들어갔다. 두 명이 한 조로 막장에 들어가서 캐놓은 탄을 싣고 나오는 일이었는데 숨이 얼마나 막히던지 정말 눈앞이 캄캄했다. 막장 안에 날리는 석탄 가루는 폐병에 걸려 허약해진 나에게 더욱 고문이었다. 본능적으로 내가 할 일이 아니라는 생각이 들었다. 이러다가 돈을 벌기는커녕 병을 악화시켜 곧 죽겠다는 두려움이 들었다. 결국 보름 만에 탄광 생활을 끝내고 그곳을 떠났다. 괜한 치기에 몸만 버리고 무일푼인 채로 다시 서울로 돌아오게 되었다.

나는 별수 없이 그녀를 찾아갔다. 나를 보자마자 그녀는 깜짝 놀랐다. 군대 간다고 떠났던 사람이 갑자기 나타나서 놀랐고, 너무 초췌하고 금방이라도 쓰러질 것 같은 모습에 다시 한 번 놀랐다. 나는 그녀에게 이제까지 있었던 일들을 소상히 고백했다. 군대를 가지 못하게 된 이유와 갈 곳이 없어서 탄광에 다녀온 일들을 말하는데 눈물이 주룩 흘렀다. 아버지가 돌아가신 이후 울어 본 기억이 거의 없었다. 여자 앞에서 울어 본 적은 더더욱 없었다. 그렇게 눈물을 글썽이는 나를 아내는 별말 없이 반겨 주었다.

산동네 양장점 보조

아내는 3남2녀 중 장녀였다. 고향은 전라남도 장흥으로 산골 중에 산골이었다. 광주에서 화순을 지나 장흥을 8킬로미터 남겨놓은 곳에 위치한 마을이 아내의 고향인 만년리이다. 광주에서도 60~70킬로미터 더 들어가는 곳이다. 물론 당시는 전부 비포장도로였다. '저녁에 토끼가 발에 입 맞추고 가는 곳'이라고 농담할 정도로 시골이었다. 도로가 잘 뚫린 지금도 차로 쉬지 않고 달려도 다섯 시간 넘게 걸리는 길이니, 당시로서는 가기 힘든 깊은 시골이었다. 언젠가 명절에 아내의 고향을 방문한 적이 있었는데 눈이 오고 길이 막혀서 무려 스물한 시간이나 걸린 적도 있었다.

그런 시골에서 가난한 농부의 딸로 태어난 아내는 공부가 그렇게도 하고 싶었단다. 하지만 집안 형편이 어렵다 보니 맏딸로서 가정을 돌보고 어린 동생들을 뒷바라지해야 했다. 초등학교 3학년 때부터는 농번기에 아예 학교를 못 가는 경우도 허다했다고 한다. 하지만 공부가 너무 하고 싶어서 동생들을 등에 업은 채 책을 보고 또 보았다. 꼭 학교에서 남들처럼 상을 타보고 싶었는데 개근상이나 정근상은 안 되니까 우등상을 타려고 책이 닳도록 읽었다. 그러나 아내는 중학교에 진학하지 못했다.

하지만 동네에서 밤에 초등학교 교실을 빌려 재건중학교를 시작하자 그곳을 열심히 다녔다. 그러나 몇 달이 지나 가르쳐 주시던 선생님이 오지 못하게 되어 재건중학교는 폐교가 되었다. 그 뒤 동네에서 오빠들이 한문을 가르쳐 준다고 하면 그곳을 기웃거리기도 하고, 학교에 못 간 청소년들을 모아 반딧불 독서회를 조직해 돈을 거두어 책을 사서 읽기도 했다. 하지만 그 모든 노력이 배우고 싶은 아내의 열정을 채워 줄 수는 없었다.

이렇게 자신의 의지와는 상관없이 배움의 기회조차 가져 보지 못하자 그녀는 가난한 가정에서 태어난 것을 비관하여 밤새 울었던 적도 많았다. 가끔 산에 가서 소나무나 참나무 밑에 떨어진 낙엽을 모아 부엌 구석에서 불을 피우는 경우가 있었는데, 그럴 때면 찬장 밑에 있는 양잿물을 마시고 죽어 버릴까 하는 생각도 했다고 한다. 그러나 아내는 자신의 인생을 포기하지 않았다. '하늘은 스스로 돕는 자를 돕는다'라는 말을 생각하며 참고 또 참고 살아왔다.

아내가 동생을 업고 학교 앞에 있는 친구 집에 놀러 가서 마당에 있는 벚꽃나무 밑에서 놀았던 때의 일이다. 그때 학교에서는 교실이 모자라 교실 두 칸을 더 짓고 있는 중이었다. 그 모습을 보면서 아내가 친구에게 물었다.

"야, 학교를 지으려면 얼마나 드는지 아나?"

"울 아버지가 그러시는데 200만 원이나 든단다."

"200만 원? 음⋯⋯."

그때부터 아내는 200만 원을 벌겠다는 소망을 가졌다고 한다. 꼭 그 돈을 벌어서 언젠가는 자신처럼 공부하고 싶어도 할 수 없는 아이들을 위해 학교를 짓겠다고 다짐하였다. 아내는 서울에 올라와 장충동에서 미싱사 보조 일을 했는데, 이때 받았던 월급, 천 원의 반을 떼어 고향의 '반딧불 독서회'에 책을 사서 보내기도 했다.

나는 이런 꿈을 꾸는 아내가 사랑스러웠다. 그전까지 나에게는 돈을 벌겠다는 것 외에 다른 꿈이 전혀 없었다. 하지만 아내를 만난 후 새로운 꿈을 꿀 수 있어서 행복했다. 나는 아내에게 당신의 꿈을 함께 꾸겠다고 약속하여 결혼 승낙을 받았다.

사람은 꿈꾸기를 포기하는 순간 동물과 다름없는 삶을 산다. 먹고 사는 일은 결코 꿈일 수 없다. 가치 있는 일, 사람을 살리는 일, 사람에게 생명과 소망을 주는 일 등을 꿈꾸고 살아갈 때 사람답게 살 수 있는 것이다.

요즘 결혼을 앞둔 이들은 결혼을 위해 무엇을 준비할까? 아마 많은 커플들이 결혼 후 살 집과 살림을 장만하고 준비하는 데 여념이 없을 것이다. 잠잘 곳과 먹을 것을 정하는 것이 결혼 준비의 전부가 되어서는 안 된다고 생각한다. 무언가 가치 있는 일들이 결혼을 통해 이루어지도록 꿈을 꾸어야 한다. 20대 후반 혹은 30대 초반에 가지면 얼마나 가졌고, 없으면 얼마나 없겠는가? 상대의 미래와 비전을 고려하여 배우자를 결정하고 같은 비전을 품고 결혼해야 행복으로 연결된다.

아내는 열여덟 살인 1970년에 서울로 올라와서 단체복을 만드는 양장점에 취직했다. 처음 맡은 일은 옷의 실밥을 뽑는 일이었다. 아침 8시에 시작하여 밤 12시가 되어서야 끝나는 고된 노동이었지만, 돈을 벌어 공부하고 언젠가는 학교도 지을 수 있다는 생각에 날아갈 듯이 기뻤다고 한다. 일이 끝나면 그 늦은 시간에도 공부하고 싶어서 책을 펼쳤다. 하지만 전기세 나간다고 눈치 주는 주인아주머니 때문에 책은 볼 수가 없었다. 그렇게 몇 개월을 일하다가 기술도 빨리 배우고 돈도 빨리 벌고 싶어서 버스 안내양 일을 3개월 정도 했다. 하지만 매연을 마시며 사람들과 부딪히는 그 일이 적성에 맞지 않았다.

결국 아내는 다시 양장점에 취직하여 명동, 충무로, 면목동을 옮겨 다녔다. 이렇게 양장점을 전전하다 응봉동으로 오게 되었고, 그곳에서 수배 중에 도주해 온 나를 만나게 된 것이다.

난장판이 된 결혼식

　군대와 탄광촌에서 거부당하고 갈 곳 없던 나는 다시 그녀에게 돌아왔다. 그때 그녀는 서울에 올라온 동생을 데리고 15만 원짜리 전셋집에 살고 있었다. 나는 염치도 없이 그 집을 빼서 그 돈으로 장사를 하자고 설득했다. 아직 결혼도 하지 않았고, 싸움질 말고는 제대로 된 기술도 없던 나를 아내는 믿어 주었다. 처음에는 머뭇거리더니 나의 의견에 따르기로 하고 성동구 도장굴 시장 근처로 이사했다. 그때부터 아내의 동생과 함께 한 집에서 생활하게 되었다.

　아내를 설득하기는 했지만 무슨 장사를 해야 할지 몰랐다. 돈을 벌 생각만 했지 어떻게 준비하면 될지 전혀 계획이 없었던 것이다. 결국 난로 수리하는 일을 하기로 결정했다. 나는 수리 장비를 구입하는 등 나름대로 준비를 하였지만 쉽게 될 리가 없었다. 아무리 간단하게 보이는 일도 돈을 받고 장사를 하려면 기술이 필요한 법이다. 스스로 생각해도 나는 난로 수리에 대해 무지했다. 괜히 애꿎은 난로만 망가뜨리고 망신만 당했다.

　결국 시작한 지 3일 만에 정리하였다. 참으로 아내 볼 면목이 없었다. 아내는 내가 얼마나 답답했을까? 서울에 올라와서 잠도 자지 못하고 피눈물 나게 번 돈을 그렇게 무책임하게 낭비하는 나를 원망도 했을 법한데 전혀 내색하지 않았다. 그냥 끝까지 기다려 주었다.

　다시 고심한 끝에 예전에 양장 학원을 다니면서 재단을 배웠던 것도 있고, 또 아내가 양장점 미싱사로 일했던 경험도 있어서 양장점을 차리기로 했다. 그래서 재봉틀을 구입하고 세를 내어 '숙아'라는 이름으로 양장점을 시작했다. 양장점 이름은 아내의 이름 '효숙'에서 딴 것이다. 그때는 기성복이 전혀 없는 시절이어서 양장점 간판만 보고도 손님들이 많이 모여들었다. 처음에는 손이 서툰지라 옷감을 많이 버렸다. 아내도 보조 일만 많이 했지 직접 옷을 만들어 본 경험이 거의 없던 터라 실수가 많았다. 나는 버리는 옷감이 너무나 아까워서 아내에게 핀잔을 주기 일쑤였다. 하지만 열심히 하는 아내 덕에 곧 자리를 잡을 수 있었다.

비록 서툴지만 성실하게 일했고, 손님이 마음에 들지 않는다고 하면 아예 처음부터 옷을 다시 맞추어 주기도 했다. 이런 성실함 덕에 입소문을 타고 손님들이 찾아왔다.

얼마 되지 않아 돈을 좀 벌게 되어서 5만 원 정도 하는 신혼방도 얻을 수 있었다. 이렇게 가게가 잘되고 또 함께 산 지 6개월 정도가 되자 결혼식을 올려야 한다는 생각이 절실했다. 하지만 우리 수중에는 결혼식을 치를 만한 돈이 없었다. 결국 서울에서는 돈이 많이 들 것 같아서 아내의 고향 시골 마당에서 결혼식을 올리기로 했다. 그녀의 부모님과는 상의하지 않은 채 달력을 보고 1975년 구정 연휴인 2월 16일로 날짜를 잡고 무작정 내려갔다. 웨딩드레스는 아내가 직접 만들었다.

이런 결혼을 좋아할 부모는 세상에 없을 것이다. 사위될 사람이 누군지 알지도 못하고 미리 상의 한마디도 없이 일방적으로 결혼을 통보했으니 부모님으로서는 정말 황당하고 기가 찰 노릇이었다. 나도 무슨 배짱으로 그렇게 진행했는지 모르겠다. 그때는 그렇게 무식

했고 다른 사람에 대한 배려가 전혀 없었다. 오직 세상이 나를 위해서 존재하는 듯 그렇게 살았다.

　장인어른과 장모님은 화가 머리끝까지 나 계셨다. 서울로 올라간 큰딸이 돈을 벌어 동생들 뒷바라지하고 금의환향하기는커녕 어디서 건달을 하나 데려와 집 앞마당에서 결혼을 시켜 달라고 하니 쓰러질 판이었다. 처음에는 용기 있게 부모님께 말했던 아내도 부모님의 언성에 마음이 많이 상했다.

　여자의 일생에 있어서 결혼식은 매우 특별한 날이다. 아무리 가난한 사람이라도 결혼식에서 만큼은 공주가 되고 주인공이 된다. 하객들은 모두 신부에게 예쁘다고 한마디씩 하며 신부를 닮은 딸을 낳으라는 덕담을 건넨다. 결혼식의 꽃은 바로 신부다. 하지만 아내는 부모에게 못난 자식이 되고 마을 사람들에게는 걱정거리가 된 채 결혼식을 맞이했다.

　결국 장인어른은 결혼식을 허락하셨다. 1975년 2월 16일 정오 12시에 전통 혼례를 올리기로 했다. 아내는 읍내 미장원에 가서 화장과 머리를 하였다.

　그런데 문제가 생겼다. 결혼식에 참석하기 위해 나를 따라온 친구들이 함을 판다면서 온 동네를 쑥대밭으로 만들며 다닌 것이다. 사실 함 속에는 한복 한 벌과 누나가 해준 반지 한 개가 전부였다. 친구들이 이 집 저 집 돌아다니며 술을 받아먹고 남의 집 닭을 잡는 등 행패를 부리는 통에 12시가 넘어서도 함이 들어오지 않아 예식을 거행하지도 못했다. 이 과정에서 친구들이 사촌 처남과 밀고 밀치면서 처남의 머리가 터지고 피범벅이 되는 일도 발생했다. 이건 결혼식이

아니라 완전히 난장판이었다.

동네는 함을 파는 청년들의 행패로 분위기 험악해졌고, 사람들은 친구가 저 모양이니 신랑은 오죽하겠냐며 한마디씩 했다. 상황이 이런데도 친구들의 심술은 멈추지 않았다. 가장 난처하고 당황한 분은 장인어른과 장모님이셨다. 큰딸이 데려온 건달들이 결혼식을 동네 싸움으로 만들고 있으니, 얼마나 창피하고 민망하셨을까?

장인어른과 장모님은 이 상황을 어떻게든 모면해 보려고 애를 쓰셨고 결국에는 날이 어둑해지는 저녁 6시에 결혼식을 올렸다. 처갓집 앞마당에서 나는 사모관대를 쓰고, 아내는 족두리를 쓰고 나타났다. 우리의 심정을 대변해 주는 듯 날은 이미 깜깜해졌다. 그렇게 아내와 처가 식구들의 가슴에 대못을 박으며 결혼식을 올렸다. 날이 어두워지는 바람에 사진도 찍을 수 없었다. 그래서 다음 날 우리가 직접 만들어 온 서양식 드레스를 입고 처갓집 앞마당에서 결혼식 사진을 찍었다. 이후 아내는 그 사진을 결코 꺼내 보지 않았다. 남들 같으면 벽에 걸어 놓고 두고두고 보는 결혼사진을 아내는 옷장 깊숙이 감추어 버렸다. 아내에게 있어서 결혼식은 축복이 아니라 부끄러움과 수치의 기억이었던 것이다.

제발 교회 좀 데리고 가줘요

서울로 올라온 우리 부부는 양장점 가게를 주인이 쓰겠다고 하여 재개발이 시작된 응봉동 삼거리로 이전하였다. 염치없지만 장인에게 도움을 받아 제법 모양새를 갖춘 새로운 양장점을 시작하였다. 그곳은 자리도 좋고 가게 세도 적어서 장사가 잘되었다. 이때 아내는 첫째 아들 영모를 가지게 되었다.

그러던 중 친어머니가 서울에 올라와 응봉동에 있는 누나 옆집에서 살게 되었다. 나는 어머니가 나의 집 근처로 오는 것이 매우 싫었다. 어머니와 이야기를 나누거나 마주치는 것도 싫고 어색하였다. 그래서 나는 그곳을 떠나야겠다고 마음을 먹었는데 아내는 극구 만류하였다. 모처럼 어머니 곁에서 살 수 있는 기회가 왔는데 피하지 말라고 하였다. 아내는 내 마음속 깊은 곳에 채워지지 않은 어머니의 사랑을 이번 기회에 회복하기를 소망했던 것이다. 결국 아내의 설득으로 어머니와 근처에서 살게 되었고 자연스럽게 교류할 기회가 생

응봉동 산동네에서 양장점을 운영하며 살
던 시절, 첫째 아들 영모가 태어났다.

겼다. 하지만 여전히 여러 가지 갈등이 우리 사이에 존재하였다.

1976년 2월 2일 첫째 아들 영모가 태어났다. 아이가 태어나니 아버지로서의 책임감과 부담감이 몰려왔다. 가족에 대한 애착이 더 생겼다. 내 자식에게만큼은 내가 겪었던 불행을 물려주지 않으리라 다짐했다. 다행히도 아들 녀석은 건강하고 지혜롭게 잘 자라 주었다. 영모는 어려서부터 주변의 사랑을 무척 많이 받고 자랐다. 특히, 할머니의 사랑을 많이 받았다. 어머니는 자기 아들에게 베풀지 못한 사랑을 손자에게 쏟는 듯 영모를 매우 예뻐하셨고 언제나 등에 업고 다니셨다.

이 시기에 우리 가족에게 큰 영적 변화가 생겼다. 평상시 공부를 너무 하고 싶었던 아내는 어떻게 하면 책을 보고 공부도 할 수 있을까 고민하였다. 하지만 빠듯하고 바쁜 살림에 어디에 가서 뭔가를 배운다는 것은 엄두도 내지 못할 일이었다. 그러다가 가게에 드나드는 손님들을 통해 교회에 가면 성경책을 보고 공부도 할 수 있다는 이야기를 들었다. 아내는 '책', '공부'라는 말에 귀가 솔깃했다. 이후 영모를 낳은 지 100일쯤 되었을 때 옷을 수선하러 온 기독교인 손님에게 제발 교회 좀 데려가 달라고 사정을 해서 처음으로 교회에 가게 되었다. 많은 사람들은 교회에 나오라는 권유에도 가지 않는데 아내는 스스로 데려가 달라고 해서 교회에 간 것이다. 아내는 교회 정면에 붙어 있던 성경 구절을 제일 좋아했다.

주 예수를 믿으라 그리하면 너와 네 집이 구원을 받으리라

🍃 **사도행전 16:31**

아내는 당시 구원이 무엇인지 잘 몰랐지만 예수님을 믿기만 하면 자기뿐만 아니라 온 가족이 구원받을 수 있다는 말이 너무나 좋았다고 한다. 예수님을 믿기만 하면 내가 구원받고 또 내가 사랑하는 가족들이 구원받는다는 약속에 그 말씀을 보자마자 예수님을 믿겠다고 마음을 굳혔다고 한다.

그런데 이렇게 시작된 아내의 믿음이 정말 말씀 그대로 실현되는 일이 우리 가정에 일어났다. 교회 생활을 하면서부터 아내의 태도와 자세가 조금씩 달라졌다. 예전에는 자신의 힘으로 돈을 벌어 학교를 세우겠다고 했는데 이제는 주님께서 축복해 주셔서 그렇게 될 거라고 말했다. 그리고 나와 아이들을 위해서 기도하기 시작했다. 피곤한 몸에도 불구하고 새벽에 일어나 교회에 가고 혹시 교회에 가지 못할 때는 집에서 기도를 했다.

아내의 헌신

아내의 변화와 상관없이 나는 여전히 낭비하고 집착하는 삶을 살았다. 우리는 자주 이사를 했다. 1년에 열 번이나 이사한 적도 있었다. 한번은 아들 영모가 똥 기저귀를 공동 수돗가에서 가지고 놀고 있었다. 이를 본 주인아주머니가 어린 아들을 혼내었다. 나는 이 말을 듣고 너무 화가 나서 바로 다음 날 짐을 싸서 나온 적도 있다. 하도 이사를 많이 다녀서 그런지 요즘도 외지에 나가 잠을 자는 것이 별로 어렵지 않다.

안경 봉사를 하려면 주로 먼 지방까지 가야 하는데 당일치기로 다녀올 수가 없다. 이른 새벽부터 운전해서 하루 종일 시력검사를 하고 안경 제작을 하면 녹초가 되기 때문이다. 그래서 보통 하루 전날 봉사할 지역 근처로 가서 여관이나 모텔에서 잠을 잔다. 이러다 보니 전국을 다니며 잠자리를 바꾸어야 했다. 아마 예민한 사람은 봉사하는 것보다도 이러한 여정이 더 힘들 것이다.

하지만 우리 부부는 젊었을 때부터 잠자리 바꾸는 훈련을 혹독하게 해왔기 때문에 적응하는 데 별 어려움이 없었다. 하나님께서 봉사를 위해 미리 훈련을 시키신 건 아닐까 하는 생각도 해본다.

아내가 의상실을 혼자 도맡아 할 수 있게 되자 나는 직업을 바꾸어 운전하는 일을 시작했다. 영업 화물차 운전을 시작으로 우유 배달 차량을 몰기도 하고 2.5톤 트럭을 몰기도 하였다. 그러다 지방에서 과일과 채소를 떼다 파는 과일 장사를 시작했다. 장사는 잘되었다. 가는 곳마다 줄을 세우고 팔 정도였다. 내 차가 오는 날을 기다렸다가 과일과 채소를 사러 오는 아주머니들도 많이 있었다. 이렇게 하루 꼬박 장사를 하고 나면 목돈이 들어왔다.

현찰을 만지게 되자 자연스럽게 나쁜 짓을 하기 시작했다. 당시 동네에는 화투판을 벌여 놓고 판돈을 받는 화투방이 있었다. 물론 불법이었지만 노름에 눈이 먼 사람들이 이곳을 제집 드나들 듯하였다. 돈이 없었을 때는 화투방을 쳐다보지도 않았지만, 수중에 돈이 들어오자 호기심이 생겨 나도 끼어들게 되었다.

이렇게 재미를 붙인 화투방은 내 이성을 마비시켰고 성공도 가족도 꿈도 돌아보지 못하게 만들었다. 과일 장사로 번 돈을 노름을 하다가 한꺼번에 날리는 날이 부지기수였다. 심지어는 장사 밑천으로 삼겠다며 아내에게 50만 원을 빌려다가 노름을 해서 다 잃은 적도 있었다. 그 당시 50만 원은 우리에게 대단히 큰돈으로 웬만한 집 전세 자금이었다. 노름하기 위해서 사채까지 끌어다 썼다. 이러다 보니 빚이 눈덩이처럼 불어나게 되었다. 돈은 많이 벌었지만 노름에 빠져서 빚만 늘어난 것이다.

죄는 참으로 무서운 것이다. 처음에는 죄가 쾌락을 주는 것처럼 보인다. 인간은 의식조차 하지 못하고 죄를 지으면서 만족감을 느낀다. 하지만 죄에 빠져들면 빠져들수록 점점 더 많은 것을 잃게 된다. 나에게 있어서 노름이 그랬다. 노름을 통해 처음에는 재미와 쾌락을 느꼈다. 그 때문에 유혹을 이기지 못하고 계속해서 노름을 했다. 하지만 노름 때문에 돈도 잃고 건강도 잃었다. 마음에는 두려움과 분노가 생겨나고, 가족들과 멀어지게 되었다. 이 단계가 넘어가면 처음에 느꼈던 쾌락조차도 사라진다. 그때가 되면 오히려 집착과 복수심으로 노름을 더 끊지 못하게 된다.

하지만 노름만 그런 것이 아니다. 하나님을 떠난 삶의 모든 일들이 인간을 파멸로 몰아갈 수 있다. 하나님을 떠나서 자기 마음대로 살면 그 나름대로의 쾌락이 있다. 내가 내 인생의 주인이니까 주인 행세를 하는 쾌락이 있다. 하지만 그 쾌락에 빠져 돈과 권력에 집착하며 살기 시작한다. 결국 그 집착 때문에 어두운 나락으로 떨어지게 된다. 죄의 수레바퀴에 걸려들게 되면 벗어날 수도, 벗어나야겠다는 생각도 들지 않는다.

그러던 어느 날이었다. 비가 오고 일도 없고 해서 또다시 사람들과 어울려 화투를 치고 있었다. 그런데 갑자기 방문이 열리더니 아내가 들어오는 것이었다. 나는 깜짝 놀랐다. 아내는 무엇인가 결심한 듯 보였다. 그곳에 있던 모든 사람들이 당황해서 아내를 쳐다보았다. 아내는 다짜고짜 소리를 질렀다.

"당신 지금 당장 나오지 않으면 이곳에서 옷을 훌떡 벗을 거예요!"

그러면서 정말 옷을 벗을 것처럼 바지에다가 손을 대는 것이었다. 나는 너무도 놀라서 생각할 틈도 없이 아내를 밖으로 밀치며 뛰쳐나왔다.

"아니, 당신 미쳤어? 도대체 왜 이래?"

"미치긴 누가 미쳐! 당신이 미쳤지! 왜 화투판에서 인생을 낭비해!"

"알았어, 알았어. 잘못했어! 안 하면 되잖아."

아내는 그동안 여러 번 경고했지만, 내가 듣지 않자 작정하고 찾아온 것이었다. 아내의 그런 행동은 나에게 충격을 주었다. 집에 돌아온 나는 사람들 앞에서 망신을 주었다고 아내에게 심하게 화를 내었다. 하지만 아내의 돌출 행동은 노름에 빠져 있던 내 모습을 돌아보게 했다. 나 스스로가 너무나 가증스러웠다. 여기까지 오기 위해서 그동안 쌓아 온 많은 노력들이 와르르 무너지는 것 같았다. 자고 있는 자식들을 보자 더욱 부끄러운 마음이 생겼다.

'그까짓 화투장이 뭐라고……'

다시는 노름에 손을 대지 않으리라. 스스로에게 열 번 백 번 다짐했다. 아내의 황당한 도움 덕에 나는 노름을 끊을 수 있었다. 지금 생각해도 그 정도에서 멈춘 것이 정말 다행이다. 하지만 여전히 나는 가정에서 무능력한 남편이었다. 아내는 가정 형편이 안 되니 아이도 둘만 낳아 키웠고 밤낮으로 재봉 일을 하였다. 어떤 날은 양쪽 젖을 두 아이에게 물린 채 재봉틀을 돌리는 경우도 있었다.

나는 이런 아내의 생활도 모르고 계속해서 잡초 같은 인생을 살고 있었다. 과거에 건달로 살았던 생활에서 벗어나지 못하고 있었다. 걸핏하면 술을 먹고 집에 와서 큰소리를 쳤다. 때로는 아내에게 손찌검을 하는 경우도 있었다. 아이들은 내가 들어오는 소리만 들리면 이불 속에 들어가 잠자는 척을 하였다.

어느 날이었다. 그날도 잔뜩 술에 취해 잠들었다. 한참 잠을 자다 목이 말라 일어났는데 옆에서 속삭이는 이상한 소리가 들렸다. 유심히 들어 보니 아내의 목소리였다. 아내는 이불을 덮어쓰고 무엇인가 중얼거리며 말을 하고 있었다. 취중이었지만 기도 소리였음을 알 수 있었다. 순간 말할 수 없는 두려움이 뼛속까지 파고들었다. 그 기도는 나를 향한 기도였다. 왠지 모르게 그 기도 소리가 내 몸을, 내 가슴을 구타하는 것처럼 느껴졌다. 나는 물을 마시려던 것도 잊고 한참을 그렇게 기도 소리를 듣고 있었다.

당시에 나는 두 아이를 둔 엄연한 가장인데도, 아이들에게 본이 되는 삶을 살지 못했다. 생활비를 보태기는커녕 빚만 얻어다 쓰고, 돈이 조금이라도 생기면 술 마시는 데 탕진하는 쓰레기 같은 삶을 살고 있었다. 내 가슴속에는 커다란 구멍이 뚫려 있는 것 같았다. 술을 마시고 또 마셔도, 화를 내고 분을 내어도, 한참을 울어도 채울 수 없는 그런 구멍이었다. 주님을 알지 못했을 때 그 공허함의 뿌리가 무엇인지도 알지 못했다. 그래서 그 공허함을 채우려고 물질을 가져야만 한다고 생각하였다. 그로 인해 물질에 집착하게 되고, 집착 때문에 나 자신과 사람들에게 상처를 주었다. 또 가지지 못했을 때는 없는 것에 대한 괴로움으로 분노했다.

하나님을 떠난 인생은 바로 이와 같다. 인간은 하나님을 영화롭게 하고 그와 더불어 기뻐하도록 창조되었는데 그 목적을 떠나 사니 만족이 없는 것이다. 뻥 뚫린 공허함을 극복하기 위해 돈을 벌고 학벌을 높이고 명예를 얻어도 절대로 만족할 수 없다. 마치 망망대해에서 부초처럼 떠돌아다니는 배와 같은 것이다. 아무리 크고 화려한 크루즈 선박이라도 목적 없이 떠도는 배는 표류할 뿐이다.

기록된 바 의인은 없나니 하나도 없으며 깨닫는 자도 없고 하나님을 찾는 자도 없고 다 치우쳐 함께 무익하게 되고 선을 행하는 자는 없나니 하나도 없도다 그들의 목구멍은 열린 무덤이요 그 혀로는 속임

을 일삼으며 그 입술에는 독사의 독이 있고 그 입에는 저주와 악독이

가득하고 그 발은 피 흘리는 데 빠른지라 파멸과 고생이 그 길에 있어

평강의 길을 알지 못하였고 그들의 눈 앞에 하나님을 두려워함이 없

느니라 함과 같으니라

✿ 로마서 3:10-18

하나님도
당신을 사랑합니다

중동의 모래바람

목적 없이 방황하는 인생을 살던 나에게 새로운 기회가 찾아왔다. 1970년대 후반의 한국 사회에는 이른바 중동 특수 바람이 불었다. 그래서 조금만 기술이 있고 가족들과 떨어져 지내는 어려움만 감수한다면 짧은 시간에 어느 정도의 돈을 벌 수 있는 기회가 주어졌다. 게다가 나 같은 경우 중동에서 해외 근로를 하는 것은 무절제한 생활에서 벗어나 새로운 삶을 시작할 수 있는 절호의 기회였다.

나는 중동에 가기로 결심하고 준비하였다. 특별한 기술이 없었기 때문에 3개월 동안 사설 정비소와 공사판에서 가공 기술을 배웠다. 그리고 배짱 좋게 3개월 만에 미륭건설에 시험을 보았다. 놀랍게도 시험은 합격이었다. 하지만 예상치 못하게 신체검사에서 떨어졌다.

66
1004번 안경 버스

오랫동안 앓았던 폐병 때문이었다. 낙방에는 익숙한 인생이었지만 새롭게 마음먹은 일이 잘 되지 않아 크게 실망하였다. 3개월 동안 투자한 돈과 시간이 아까웠다. 무엇보다 자식들 얼굴 보기가 민망했다.

그래서 나는 다른 회사에 다시 도전하기로 하였다. 경남건설에서 시험을 보았는데 감사하게도 결과는 합격이었다. 시급 1달러 29센트로 1년 동안 근무하겠다고 계약했다. 지금 보면 얼마 되지 않지만, 나 같은 서민에게는 당시 매우 큰돈이었다. 무엇보다 시간 단위로 돈을 준다는 것이 매우 놀라웠다. 뼈 빠지게 일해도 이득은커녕 본전 까먹기가 십상인데 시간이 흐르면 돈이 된다는 사실이 얼마나 놀라운가? 나는 가지고 있던 용달차를 처분해서 빚을 갚았다. 조금 남아 있던 빚은 중동에서 벌어서 갚기로 하고 새로운 삶을 향해 사우디아라비아로 떠났다. 회사에서 준 가방 안에 여러 가지 옷가지와 필기도구를 챙겨 넣었다. 아내는 내가 한 번도 읽어 보지 않던 성경책을 가방에 살며시 챙겨 넣어 주었다. 처음으로 비행기를 타고 외국에 간다는 사실에 무척 긴장되고 설레었다. 지금이야 비행기를 타는 일이 고속버스 타는 것처럼 일상이 되었지만, 당시만 해도 비행기를 탄다고 하면 집안의 경사였다. 그것만으로도 대단히 성공했다고 생각하던 시절이었다.

김포공항에 도착해 식구들과 헤어질 시간이 왔다. 아이들은 처음 와본 공항이 신기하고 재미있는 듯 마냥 들떠 있었다. 하지만 내 마음에는 울컥함이 있었다. 최소한 1년을 떨어져 지낸다고 생각하니 나도 모르게 눈물이 글썽였다. 이제까지 인생에서 중요한 사람들이 내 곁을 떠나가기만 했는데, 처음으로 내가 중요한 사람들을 떠나는

■■■ 사우디아라비아에서 일하던 시절. 지하 5층 깊이에서 물을 퍼 올리는 작업 중이다.

순간을 맞이하니 가슴이 먹먹하였다. 가족이란 이런 것일까? 철모르는 두 아이의 모습이 내 생명처럼 느껴지고 나를 향해 손을 흔드는 아내의 모습이 처량하기도 하고 숭고하기도 했다. 가족에 대한 책임감과 사랑을 느낀 순간이었다.

'이제 영모, 영신이 그리고 사랑하는 아내를 위해 열심히 살아야지.'

가족을 향한 작은 마음의 변화가 내 안에 싹이 트고 자라났다.

처음으로 타는 비행기라 다들 긴장했는지 자리에 앉자마자 잠이 들었다. 그렇게 수많은 사람들이 고향과 사랑하는 사람들을 뒤로 하고 머나먼 타지에 가는 이유는 무엇일까? TV에서는 중동 근로자들을 산업 역군이라고 치켜세우며 마치 독립운동가라도 되는 듯 말했지만, 사실 우리 각자는 자신들의 인생 때문에 가는 것이었다.

비행기는 태국을 경유하여 사우디아라비아에 도착하였다. 우리의 목적지는 사우디아라비아 쥬베일 산업항 도시를 만드는 곳이었다. 드디어 공사 현장에 도착했다. 말 그대로 끝없는 사막이 눈앞에 펼쳐져 있었다. 그 한가운데 컨테이너 막사가 있었다. 우리보다 먼저 도착한 선배 노동자들이 그 속에서 개미들처럼 바삐 움직이고 있었다.

나는 도착하자마자 꼬박 일주일간 몸살을 앓았다. 막사 안에서 꼼짝할 수조차 없을 정도로 몸이 아파 누워 있으면서 서러운 생각이 들었다. 머나먼 타지에 버려진 느낌이었다. 당장 귀국해야겠다는 마음도 들었지만 선불로 비행기 표를 사서 왔기 때문에 그 돈을 갚을 생각을 하니 귀국은 엄두도 나지 않았다. 결국 일주일을 더 휴식하고 비로소 현장에 투입되었다.

원래 내 직종은 철근공이었는데 도착해서 적응하지 못한 탓에 다른 일을 하게 되었다. 모래사막에 상하수도 터널 공사를 해야 하는데 바닷가 옆이라 조금만 땅을 파도 물이 나와 여간 어려운 공사가 아니었다. 그래서 먼저 엘포인트를 박아 물을 뽑아 올리면서 공사를 해야 했고, 뽑은 물은 처리해야 했다. 나는 힘이 좋았기 때문에 파이프 작업 같은 힘든 일을 해낼 수 있었다. 또한 국내에서 운전을 한 경험을 바탕으로 양수기도 취급할 수 있었다. 이 공사는 시작은 힘들어도 파이프를 설치하고 양수기 관리만 하면 되는 일이기에 견딜 만하였다. 여기저기 파이프를 설치해 놓으면 몇 달씩 기름을 싣고 다니며 관리하면서 시급도 더 받아 만족스러웠다.

내가 일했던 토목공사 현장은 미국 건설 회사가 주관하는 곳이었다. 그래서 나는 현대식 시설을 갖춘 직영 숙박 시설에서 생활할 수 있었다. 이곳 숙박 시설은 고향 집과는 비교되지 않을 정도로 좋았다. 언제든지 샤워할 수 있었으며 음식과 음료는 마음껏 먹을 수 있고 음악과 영화도 감상할 수 있었다. 하지만 숙소를 벗어나면 주변은 온통 모래사장이었다. 어디가 동서남북인지 모를 끝없는 모래벌판에 바람이라도 불 때면 1미터 앞을 볼 수 없는 그런 곳이었다.

당시 근로자들은 공사 현장을 현대식 시설이 갖춰진 감옥이라고 불렀다. 이슬람 문화로 인해 술과 여자들을 구경조차 할 수 없었기 때문에 주색에 익숙한 남자들은 그런 생활이 여간 곤혹스러운 것이 아니었다. 그런 상황 속에서도 한국 사람들은 나름대로 견딜 수 있는 방법을 강구했다. TV를 구해 비디오도 보고 먹고 남은 빵과 과일 등을 모아서 술을 만들어 먹기도 했다. 심지어는 어디선가 떠돌이 개를 끌고 와 보신탕을 만들어 먹는 사람들도 있었다. 참으로 한국 사람들은 독하다. 중동 모래사막 한가운데가 아니라 우주 한가운데 데려다 놔도 살 사람이 한국 사람이다.

나도 예전 같았으면 절제하지 못하고 이런 욕구 충족에 충실했을 텐데 마음을 다잡은 터라 성실히 생활하려고 노력하였다. 무엇보다도 한 푼이라도 돈을 모으기 위해 절약하고 또 절약하였다. 현지에서 얼마나 절약하느냐에 따라 고국에 보낼 돈이 정해진다. 돈 그 자체가 핏방울이나 마찬가지였다. 그래서 사우디아라비아 생활 동안 한 번도 현지 마을을 구경하러 가거나 시장에 나가지 않았다. 유일하게 재정을 지출했던 것은 담뱃값 뿐이었다.

대신 돈이 안 드는 일을 하며 시간을 보냈다. 밤에는 바닷가에 나가 작살을 이용해 갑오징어를 잡아다 먹기도 하고, 사막 위에 누워 별과 달이 움직이는 것을 보았다. 그러면서 고향과 가족을 생각하고 이런저런 개똥철학을 혼자 곱씹었다. 사실 그동안 내 인생을 진지하게 돌아보는 시간을 가져 본 적이 없었다. 하루하루를 마치 전쟁처럼 숨 가쁘게 보냈고, 깨어 있을 때도 항상 술이나 도박에 미쳐 있었기 때문에 정말 온전한 마음과 정신으로 내 삶을 돌아본 기억이 없었다.

잠깐이라도 자신의 삶을 돌아보는 시간을 가질 수 있다면 우리의 삶이 더욱 풍요로워질 것이다. 내가 지금 바른 길로 가고 있는지, 지금 가는 이 길이 원래 꿈꾸었던 바로 그 길인지 돌아보며 지친 몸과 마음을 쉬게 하는 것은 매우 중요하다. 감사하게도 나는 물리적으로 고립된 중동에서 지난 32년의 인생을 돌아볼 수 있는 시간을 가질 수 있었다.

연애 시절 아내와 나는 나중에 돈을 벌면 우리와 같이 형편이 어려워 공부하지 못하는 아이들을 위해 학교를 세우고, 우리 자식들에게는 가난을 대물림하지 말고 열심히 공부시키자고 다짐했다. 그 기억들을 되새기면서 나는 이 귀중한 시간 속에서 돈이 무엇이며, 인생이 무엇이며, 가정과 사랑이 무엇인지 생각해 보았다.

나와 같이 현장에서 일하는 노동자 중에는 이곳에서 일한 후 조국으로 돌아갔다가 다시 온 사람들이 꽤 있었다. 그 이유는 귀국해 보니 아내가 온데간데없이 사라졌기 때문이라고 했다. 남편과 오랜 시간 떨어져 외로워진 부인들이, 돈을 노리고 접근하는 제비족들의 유혹에 넘어가 가정을 버리는 경우가 종종 있었다. 아무것도 모르고 귀국해 보니 돈과 아내는 사라지고 아이들만 처량하게 남아 있는 모습을 보게 되면 그 배신감과 상실감은 이루 말할 수 없다고 했다. 자식들과 함께 자살하고 싶은 충동, 바람난 아내를 죽여야겠다는 충동에 사로잡혀 2~3년 동안 폐인처럼 살다가 모든 것을 체념한 순간 먹고살기 위해 다시 사막에 오게 되었다고 했다.

이런 경우를 지켜보면서, 고국에 있는 내 가족을 생각했다. 나의 아내는 어떨까? 혹시 내 아내도 바람을 피울까? 정말 상상하기도 싫은 일이었다. 그러나 나는 아내에 대한 신뢰가 있었다. 무엇보다 아내가 교회에 다니고 있기 때문에 절대 그럴 일이 없을 것이라 믿었다. 이런 생각을 하니 교회란 좋은 곳인 것 같다는 마음이 들었고, 그제야 아내가 가방 속에 넣어 준 성경책이 생각났다. 도착해서 4~5개월 동안 성경책은 가방 속에서 고이 잠자고 있었다. 나는 얼른 숙소에 가서 가방을 뒤졌다. 제일 밑바닥에서 성경책이 손에 잡혔다. 새까만 표지에 빨간 테두리를 두른 책이었다. 성경을 펴자 아내가 써놓은 조그만 메모가 있었다.

'당신을 사랑합니다. 하지만 하나님도 당신을 사랑합니다.'

이 짧은 메모가 큰 감동으로 밀려왔다. 나는 곧바로 아내에게 편지를 썼다.

'귀국하면 당신과 함께 교회에 다니겠소.'

그리고 그때부터 성경을 읽기 시작했다.

아내와의 약속

나는 귀국 전까지 6개월여의 시간 동안 성경을 삼독했다. 이해하기 어려웠지만 간혹 눈에 들어오는 좋은 말씀들이 삶에 큰 힘과 위로가 되었고, 막연하지만 예수님이 좋은 분이라는 생각이 들었다. 나는 아내에게 편지 쓸 때마다 성경 말씀을 인용해 가며 귀국해서 꼭 신앙생활을 하겠다고 다짐했다.

1983년 9월, 드디어 귀국길에 올랐다. 공항에 도착해서 마중 나온 아내를 만났다. 택시를 타고 집에 도착하니 아내는 여전히 수선집을 하고 있었다. 아내는 나를 방으로 데리고 가 가방을 내려놓자마자 자기 앞에 앉히고 눈을 감고 무어라 속삭이면서 기도를 드렸다. 그리고는 비장한 목소리로 나에게 물었다.

"앞으로 교회 다니실 거죠?"

잠시 후 아내는 다시 입을 열었다.

"사우디 가기 전의 생활 방식으로 다시는 살지 말아요. 이제 당신의 생활에 변화를 주었으면 좋겠어요. 새로운 삶으로 가족을 위해 살아 주세요."

나는 아내의 냉정하고 분명한 이야기에 주저 없이 바로 대답했다.

"알았소. 나도 이제 새로운 삶을 살겠소. 당신과 아이들을 위해 살겠소."

그리고 바로 그 주일에 교회에 출석했다.

나는 1년 동안 약 500만 원 정도를 고국으로 보냈다. 그런데 아내는 그 돈을 조금도 쓰지 않고 모아 놓았다. 생활이 빠듯했을 텐데도 수선 일을 하면서 모은 수입으로 아이들을 사립학교까지 보내고 있었다. 아내가 그 돈을 고스란히 내 앞에 내놓자 나는 정말 놀랐다. 사막의 모래바람을 맞으며 일했던 수고가 하나도 헛되지 않은 것 같아 기뻤다. 아내는 고마운 믿음의 여인이자 성실한 반려자였다.

구약성경 잠언 31장에 보면 현숙한 여인에 대해서 설명하고 있다. 그런데 그 말씀을 면면이 살펴보면 현숙한 여인이란 아름답고 고운 여인이 아니라 바로 부지런한 여인임을 알 수 있다.

누가 현숙한 여인을 찾아 얻겠느냐 그의 값은 진주보다 더 하니라 그런 자의 남편의 마음은 그를 믿나니 산업이 핍절하지 아니하겠으며 그런 자는 살아 있는 동안에 그의 남편에게 선을 행하고 악을 행하지 아니하느니라

✽ 잠언 31:10-12

성경이 말하고 있는 현숙한 여인의 모습이 바로 내 아내의 모습이었다. 부지런히 가계를 꾸리고 일하며 아이들을 양육하고 남편에게 선을 행하는 아내는 정말 진주보다 귀한 여인이다. 그러나 아내의 이러한 헌신 앞에서 나는 어처구니없는 반응을 보였다.

"여보, 이제 우리의 가난했던 생활을 벗어나서 삶을 즐깁시다. 나는 맥줏집을 차려 성공할 자신이 있소."

나는 모은 돈으로 술집을 운영하고 싶었다. 그리고 가족들과 함께 남부럽지 않게 살고 싶었다.

아내는 이런 나의 의견에 단호하게 대답했다.

"안 돼요. 그 방법은 하나님의 방법이 아니에요. 그것은 남을 해롭게 하고 우리만 잘살겠다는 것이에요. 우리가 해야 할 일이 아니에요. 그리고 앞으로 커나갈 우리 아이들을 생각해 보세요."

그때는 이런 아내의 반응이 잘 이해되지 않았다. 뼈 빠지게 고생하여 돈을 모아 가족들을 위해 살겠다고 마음잡고 왔는데 하나님의 방법이니 뭐니 하는 것이 자존심도 상하고 못마땅했다. 그때까지 나는 여전히 세속적인 가치관에 사로잡혀 사는 사람이었다. 온갖 더러운 삶에서 벗어나 새로운 마음을 먹었다고 하지만 여전히 나만을 생각하고 돈이 된다면 무엇이든 하겠다는 수준에 머물러 있었다.

하나님을 알지 못하는 사람이라면 이 정도 변화에도 박수를 쳐줄지도 모른다. 폭력과 노름에서 벗어나 가족을 생각하며 안정된 일을 찾는 것으로 개과천선한 것처럼 보일 것이다. 하지만 그 내면 깊숙한 곳을 들여다보면 여전히 변한 것이 없다. 죄에 대한 해방구를 폭력과 노름에서 돈과 가족으로 바꿨을 뿐이다. 이러한 변화는 마치 모래 위에 집을 짓는 것과 같아서 어느 한순간 비바람이 몰아치면 넘어지고 말 그런 변화다.

하나님 앞에서 하나님을 떠난 자들의 모습은 오십보백보다. 적극적으로 범죄를 행하는 자나 그나마 선한 행위를 하는 것처럼 보이는 자나 사실은 모두 그저 죄인일 뿐이다.

> 모든 사람이 죄를 범하였으매 하나님의 영광에 이르지 못하더니
>
> ✿ 로마서 3:23

맥줏집 대신 개인택시 기사로

결국 아내의 반대로 맥줏집 계획은 접기로 하였다. 그래서 나는 사업 계획을 바꿔 사우디아라비아에 가기 전 운영했던 화물차를 생각했다. 기술이 없으니 그나마 할 줄 아는 운전을 하는 것이 제일 안전한 길이었다.

그 길로 장안동 중고차 매매 시장에 나가 여러 가지를 알아보는 중에 택시 업계에 변화가 있다는 사실을 알게 되었다. 개인이 차를 구입해서 택시 회사에 가입하는 방식으로 운영되는 택시를 정부에서 정리한다고 하였다. 그 택시를 영업 운전 5년, 자가용 운전 10년 무사고 경력이면 개인택시로 전환할 수 있다는 것이다. 자격은 무사고 운전자면서 서울 거주자면 누구나 되었다. 그 당시 개인택시 운전사는 대학생 직업 선호도 설문 조사에서 5위권에 드는 굉장히 인기 있는 직업이었다. 자가용이 흔하지 않던 시절이었기에 자가용으로 사용할 수도 있고 끌고 나가기만 하면 일정한 현금 수입이 생기기 때문에 인기가 좋았다.

나는 택시 기사를 하기 위한 준비를 서둘렀다. 처음 알아본 거래 가격이 850만 원 정도였다. 당시 내 수중에는 500만 원밖에 없었기 때문에 350만 원은 대출을 받기로 했다. 사우디아라비아에서 돈을 보낼 때 이용한 은행을 찾아가 대출 담당자에게 사정을 이야기하고 돈을 빌려 달라고 했지만 조건이 안 되어 일언지하에 거절당했다. 나는 실망하고 돌아왔다. 그렇게 고민하고 있는 동안 자동차 값이 금세 1200만 원까지 올랐다. 그리고 앞으로도 계속 올라갈 분위기였다. 며칠 주저하는 사이에 대출받아야 할 금액이 두 배로 뛰어오른 것이다. 도저히 내 힘으로 마련할 수 없는 금액이 되었다. 상황이 점점 원망스럽게 흘러갔다. 하지만 아내는 하나님께 기도하면 응답해 주신다며 답답한 소리만 했다. 그러면서 나도 기도해 보라고 했다. 믿음도 없을 뿐더러 이 상황에서 하늘을 향해 중얼거리는 것이 무슨 도움이 되겠는가?

나는 다시 마음먹고 은행에 갔다. 이번에는 지점이 아니라 명동에 있는 본점을 찾아갔다. 절박한 마음에 마지막이라는 생각으로 부엌칼을 신문에 싸서 옷 속 깊숙이 숨겼다. 만약 그곳에서도 거절한다면 자살 소동이라도 벌일 계획이었다. 그야말로 배라도 째서 대출을 받겠다는 각오였다. 중동을 다녀오면서 가족에 대한 책임감은 많이 생겼지만 삶의 방식은 여전했다. 주먹을 믿고 남에게 해를 끼쳐서라도 내가 원하는 것을 얻겠다는 죄의 습관은 달라진 게 없었다. 세상을 살아가는 나만의 방법이었다.

은행에 가자마자 직원에게 문제를 얘기하고 은행장 면담을 요청했다. 직원은 잠시 기다리라고 하면서 안으로 들어가더니 한참이 지나도 나오지 않았다. 도저히 안 되겠다 싶어 무슨 일이라도 벌이려고 마음먹는 순간에 그 직원이 나이가 좀 든 사람과 함께 나왔다. 그 사람은 자신을 전무라고 소개한 후 은행장님이 안 계셔서 본인이 대신 은행 지점에 전화했으니 걱정 말고 가라고 했다. 순간 말할 수 없는 기쁨이 넘쳐 났다. 이렇게 쉽게 해결되리라고는 전혀 상상하지 못했다. 내가 한 일은 대출이 안 된 이유를 설명하고 은행장을 만나게 해달라고 요청한 것밖에 없었다. 그런데 전무라는 사람이 나와 다 해결했으니 걱정 말고 가라는 것이다. 마음 한편으로 새벽을 깨워 기도했던 아내의 모습이 떠올랐다.

'구하는 자에게 후히 주시는 하나님'에 대해서 틈만 나면 이야기 했던 아내. 어쩌면 내 노력이 아닌 아내의 기도 때문에 하나님이 대출의 길을 열어 주셨는지도 모른다는 생각이 들었다.

지점에 도착했더니 담당자가 예전과는 달리 허리를 굽혀 큰절까지 하였다. 그는 다음과 같이 말했다.

"아시는 분 중에 한 분만 데리고 오셔서 신용 보증서에 도장만 찍어 주면 500만 원까지 빌려 드리겠습니다."

나는 바로 장안평 중고 시장에 가서 현대 포니2 자동차를 1150만 원에 계약했다. 차가 들어오는 날 우리 집에는 잔치가 벌어졌다. 아내도 아이들도 모두 기뻐했다. 당시 응봉동 산동네에는 개인택시가 딱 한 대 있었다. 사람들은 그 집 마당에 노란 운전복이 널려 있는 것을 보면 대단히 부러워했다. 그런데 놀랍게도 내가 그 부러움의 대상이 된 것이다. 차를 구입한 후에 회사 택시로 몇 달간 운영하면서 신청 서류를 갖추었고 무리 없이 개인택시로 전환할 수 있었다.

나는 개인택시를 준비하기 위해 전세금도 빼서 써야만 했다. 그래서 우리 가족은 다 쓰러져 가는 허름한 아파트로 이사했다. 방이 2개 있는 9평 아파트였는데, 큰방은 밖이 보이는 곳이어서 수선집으로 사용했다. 이때 우리 부부는 돈을 벌기 위해 정말 억척같이 노력했다. 아내는 거의 쉬지 않고 수선 일과 가사를 돌보았고 나도 밤낮 가리지 않고 택시를 몰았다. 택시는 일단 몰고 나가기만 하면 돈이 되

기 때문에 몸이 부서져라 운전했다. 차 안에서 새우잠을 자면서 집에도 들어가지 않고 운전하는 날이 많았다. 몸은 힘들어도 생활이 나아질 수 있다는 소망에 열심히 살았다. 무엇보다 일한 만큼 벌 수 있다는 사실이 우리에게 희망이 되었다.

사람들은 아무리 수고하고 땀을 흘려도 상황이 변하지 않을 때 괴로움과 좌절감을 느낀다. 하루하루 최선을 다해 살아도 지독한 가난을 벗어날 수 없을 때, 자식에게 물심양면으로 뒷바라지해도 부모의 은혜를 몰라줄 때, 회사를 위해 성실하게 수고해도 인정받지 못할 때, 사랑하는 사람에게 최선을 다해도 결국 나를 떠날 때와 같은 상황들은 우리를 좌절하게 하고 심지어는 목숨까지 버리게 만들기도

한다. 이렇게 우리의 삶은 우리가 아무리 노력해도 어쩔 수 없는 상황들의 연속이다.

인간은 과학을 발달시키고, 경제를 발달시키며 끊임없이 진보를 향해 달려왔다. 그리고 그러한 성과들이 우리를 행복의 나라로 인도해 주리라 생각한다. 하지만 지금 인간은 행복한가? 삶의 목적을 잃어버린 인간의 분투와 노력은 헛되기만 하고, 인간은 의지할 것이 아무것도 없다는 벼랑 끝 절망에 놓이게 된다. 인간이 가진 가장 근본적인 좌절은 스스로 자신을 구원할 수 없다는 데 있다.

개인택시 일은 매우 힘들었지만 만족스러웠다. 나도 좋은 모습으로 변화할 수 있고, 또 잘살 수 있다는 소망이 생겼기 때문이다. 빚은 좀 있었지만 차차 갚아 나갈 수 있었기에 큰 걱정은 없었다.

이때 우리 가정에 큰 변화가 있었다. 큰 처남이 전라남도 광주에서 의자 수선 및 가공 공장을 차려 운영하고 있었는데 부도가 났다. 나이트클럽에 의자를 만들어 납품했는데 그 술집이 문을 닫는 바람에 대금을 못 받고 부도가 난 것이다. 그래서 밤중에 옷가지만 들고 부인과 딸을 데리고 서울로 도주해 올라왔다. 우리는 이사한 지 1년도 못 되어 작은방을 처남 가족에게 내주게 되었다.

이렇게 두 가족 일곱 식구가 9평짜리 아파트에서 함께 생활하게 되었다. 좁은 집에서 네 식구가 살기도 빠듯하고 불편했는데, 초등학교를 다니는 부쩍 큰 애들과 한방에서 같이 잔다는 것은 쉬운 일이 아니었다. 더욱이 큰방은 수선집도 겸하고 있어서 짐이 많았다. 무엇보다 화장실 문제가 제일 어려웠다. 아파트 1층 복도 가운데 공중 화장실이 있었는데 두 가구가 함께 사용하면서 각자 열쇠를 가지고 있었다. 우리 집은 한 가구가 더 생겼으니 보통 문제가 아니었다. 아침이 되면 볼일을 보기 위해 줄을 서야 했고, 아이들은 급한 나머지 신문지를 깔고 볼일을 보기도 하였다. 또한 곧 헐릴 예정이었던 낡은 아파트라 집 안에 빈대가 무척 많았다. 아이들은 밤중에 빈대에 물려 울어 대는 일이 잦았다. 한번은 아이들이 너무 심하게 우는 바람에 나는 괜스레 화가 나 고래고래 소리를 질러 이웃들을 모두 깨워 버린 일도 있었다. 다들 큰일이라도 난 줄 알고 새벽에 뛰쳐나왔던 것이다.

　이런 여러 가지 불편함에도 불구하고 우리 가족은 크게 불평하지 않았다. 단지 예전에 비해 조금 불편한 정도일 뿐이었다. 오히려 내가 일을 할 수 있고 아이들도 구김 없이 잘 자라는 것이 감사했다.

9평에 사는 일곱 식구

　사우디아라비아에서 귀국한 후 나의 인생은 조금씩 변화해 갔다. 그러던 어느 주일, 교회를 다녀온 영모와 영신이가 울면서 내게 말했다.

　"아빠! 아이들이 '너 담배 피우지?'하면서 놀렸어요. 우리 몸에서 담배 냄새가 난대요."

　우는 아이들과 담뱃갑을 번갈아 보면서 생각했다.

　'왜 나 때문에 내 자식들이 놀림을 받아야 하지?'

　나는 아이들을 꼭 껴안으며 약속했다.

"아빠가 이제 담배 안 피울게."

하지만 하루에 세 갑씩 피웠던 담배를 바로 끊기란 정말 쉽지 않았다. 하루 종일 좁은 택시 안에서 허리를 제대로 펴지도 못한 채 계속 운전해야 하는 데다 이런 저런 손님들을 상대해야 하기 때문에 마음 상하는 일이 비일비재했다. 이럴 때마다 잠깐 차를 세워 놓고 담배를 피우며 스트레스를 해소했었다. 무엇보다 나는 아주 어릴 때부터 담배를 피워 왔기 때문에 완전히 담배에 중독되어 있었다. 하도 오랫동안 피워 치아도 누렇다 못해 시꺼멓게 변해 버렸다. 담배를 끊기로 결심하자마자 더욱 담배 생각이 간절했다. 여러 가지 금단 현상 때문에 이러다 죽는 게 아닌가 하는 생각까지 들 정도였다.

막상 담배를 피울 때는 몰랐는데 금연을 결심하고 나니 내가 담배를 결코 쉽게 끊을 수 없는 사람이라는 것을 알게 되었다. 그야말로 담배 중독자였던 것이다. 처음에는 담배가 스트레스를 해소해 준다고 생각했다. 나에겐 담배를 피울 자유도, 피우지 않을 자유도 있었다. 하지만 시간이 지나자 담배를 피우지 않을 수 없게 되었다. 내가 담배의 주인이 아니라 담배가 나의 주인이 된 것이다.

죄도 이와 마찬가지이다. 죄를 짓게 되면 죄가 주는 달콤한 쾌락을 맛보게 된다. 그러나 그 유혹에 넘어가 계속 죄를 짓다 보면 우리는 결국 죄의 노예가 되어 끌려다니는 범죄형 인격이 되고 만다. 처음 달콤함으로 유혹했던 죄는 결국 인간을 지배하고 다스린다. 죄에서 헤어 나오지 못하는 인간은 결국 사망의 길로 가게 되는 것이다.

욕심이 잉태한즉 죄를 낳고 죄가 장성한즉 사망을 낳느니라

담배를 끊는 것은 나에게 피눈물이 날 만큼 어렵고 힘든 일이었지만, 이번에도 아내의 도움 덕분에 조금씩 담배를 줄여 나갈 수 있었다. 아내는 내가 집을 나설 때마다 물과 여러 가지 간식을 챙겨 주었다. 그리고는 내가 담배를 끊을 수 있도록 기도하고 있다면서 늘 격려를 잊지 않았다. 나는 아내가 싸준 간식을 먹으며 담배를 피우고 싶은 욕망과 싸웠다. 물도 얼마나 많이 마셨던지 한 시간에 한 번 꼴로 화장실을 갔을 정도였다. 담배가 생각날 때면 지금까지 참고 견뎌 왔던 숱한 고난들을 되새기며 이를 악물었다. 결국 6개월 만에 완전히 담배를 끊게 되었다! 심지어 주위에서 담배를 피워도 전혀 동요하지 않았다.

금연에 성공하자 나의 생활에 많은 변화가 생겼다. 일단 담뱃값이 들지 않아 가계에 보탬이 되었고, 아이들에게도 용돈을 더 넉넉히 줄 수 있었다. 특히, 아이들의 옷에 담배 냄새가 배지 않아 아이들도 더욱 자신감을 갖게 되고 활동적으로 바뀌었다. 항상 담뱃재로 지저분했던 옷 주머니도 깨끗해져서 아내가 빨래할 때 수고를 덜어줄 수 있었다. 택시 안에서 담배 냄새가 나지 않아서 손님들도 좋아했다. 무엇보다도 아이들에게 약속을 지킨 떳떳한 아버지가 되었다는 사실이 가장 뿌듯하고 기뻤다.

단지 담배를 끊었을 뿐인데도 이런 놀라운 변화들이 일어났다. 담배를 피우고 싶은 욕망 하나를 포기하니 수많은 축복을 누리게 되었

다. 우리가 죄의 유혹을 이기고 승리한다면 얼마나 더 큰 축복이 기다리고 있을지! 죄는 일시적으로 욕망을 충족시켜 주는 것처럼 보이지만 결국에는 모든 것을 잃어버리게 한다. 하지만 죄에서 승리하면 상상할 수도 없이 많은 축복을 새롭게 얻게 된다. 참 신기한 원리이다. 죄를 미워하시는 하나님은 인간이 하나님의 섭리에 충실하면 축복을 얻을 수 있도록 처음부터 이 원리대로 세상을 만들어 놓으신 것이다.

어느 날이었다. 학교에서 돌아온 영모가 손에 들고 있던 무엇인가를 꺼내 보이면서 말했다.

"아빠! 학교 끝나고 집에 오다가 이거 주웠어요."

아들의 손에는 10만 원짜리 수표가 들려 있었다. 당시 10만 원이면 꽤 큰돈이었다. 내가 이틀 동안 꼬박 핸들을 잡아야 벌 수 있는 수입이었다. 나는 즉시 아들의 손목을 꼭 잡고는 약 1.5킬로미터 떨어져 있던 파출소로 데리고 갔다.

"이거 저기 보이는 파출소에 가서 경찰 아저씨에게 드리고 와."

나는 멀리서 영모를 바라보았다.

잠시 후 영모가 파출소 문을 열고 나왔다. 영모의 손에는 과자가 쥐어져 있었고 얼굴에는 환한 미소가 넘쳤다.

"아빠, 경찰 아저씨가 과자 주셨어요."

나도 뿌듯한 마음이 생겼다. 이제까지 움켜쥐는 데만 급급했는데 아버지로서 처음으로 자식에게 교육다운 교육을 했다는 생각이 들었다. 내가 어렸을 적에 아버지는 나에게 복수하라고 가르쳤는데, 나는 아들에게 정직하고 바르게 살라고 가르칠 수 있어 감사했다. 나는 내가 아들에게 가르친 대로 살겠노라 결심했다.

'하나님! 나의 자녀들이 정직하고 착하게 살며 이 세상에 꼭 필요한 사람이 되게 해주세요.'

나는 영모를 꽉 껴안으며 나도 모르게 마음속으로 기도했다. 우리는 손을 잡고 콧노래를 부르며 산동네로 돌아왔다.

우리는 여전히 가난했지만 아내의 교육열 때문에 영모와 영신이를 공립학교에 보내지 않고 사립학교에 보냈다. 모두가 선망하는 사립 초등학교라 입학부터 추첨이 치열했다. 강남의 내로라하는 집 자제들이 다니는 학교였다. 영모와 영신이는 추첨에 합격하여 학교를 다닐 수 있었다.

응봉동 산꼭대기에서 학교까지는 약 2킬로미터 정도 되는 거리였다. 셔틀버스가 있었지만 돈이 없었기 때문에 걸어서 통학을 시켰다. 왕복 4킬로미터의 거리는 무거운 책가방을 든 일곱 살 꼬마에게는 꽤 먼 거리였다. 가끔 아이의 등교 시간과 나의 출근 시간이 맞으면 택시로 학교까지 태워 주기도 하였지만 대부분 걸어서 등교했다.

우리 형편에 사립학교 공납금 내는 것도 힘들었기 때문에 아이들에게 간식이나 용돈을 넉넉하게 챙겨 줄 수 없었다. 어느 날 영모가 초등학교 2학년 때 아이들의 글을 묶어 놓은 책자를 꺼내 보여 주었다. 거기에는 영모의 글도 있었는데 자기의 빈 도시락을 주제로 쓴 글이었다. 가방에 있는 빈 도시락이 밥 달라고 덜그럭 덜그럭 소리친다는 내용이었다. 순수한 동심이 느껴지는 귀여운 글이었지만, 나는 아버지로서 마음이 아팠다. 빈 도시락통을 들고 위험한 차도를 지나 다시 등산 코스 같은 산동네를 오르락내리락 하는 아이들을 생각하니 마음이 편치 않았다.

하루는 아이들 학교에 다녀온 아내가 기가 죽어 있는 것을 보았다. 아내에게 영문을 물었더니 선생님께서 영모가 총명하고 착하다는 칭찬을 하고는 은근슬쩍 학교에 금전적인 협조를 해줄 것을 부탁했다고 한다. 그래서 순진한 아내는 우리의 사정을 말씀드리고 다른 방법으로 협조하겠다고 했다. 환경 정리, 청소 등 어떤 일이든 돈이 안 드는 일이면 시켜 달라고 했더니 선생님은 아무 말씀이 없으셨단다. 또 이런 일도 있었다. 어느 날 영모가 집에 오더니 아내에게 물었다.

"엄마, 우리 집 몇 평이야?"

"그건 왜?"

"응, 선생님이 요즘 시대에도 8평, 9평하는 집에서 다섯 식구가 사는 사람들이 있다며, 불쌍한 사람들을 도와야 한다고 했어. 엄마, 우리 집 9평 아니야?"

아내는 대답을 할 수 없었다. 당시 우리는 9평에 일곱 식구가 살고 있었다.

둘째 영신이는 가정 형편에 대해 별로 개의치 않았는데 영모는 달랐다. 언제부터인가 영모는 내가 택시에 태워서 학교까지 데려다 주면 교문에서 멀리 떨어진 곳에 내려 달라고 했다. 내가 학교 건물 입구까지 데려다 주면 창밖에서 보이지 않도록 머리를 푸욱 낮췄다. 그리고는 차에서 내리면 뒤도 돌아보지 않고 후다닥 건물 안으로 들어갔다. 영모는 자기 생일에도 학교 친구는 한 명도 초청하지 않았다.

86
1004번 안경 버스

나는 마음속으로 우리의 주제를 파악하지 못하고 괜한 욕심을 부려서 아이들을 사립학교에 보내 기죽게 한 건 아닐까 하는 염려가 생겼다. 우리의 지나친 욕심 때문에 아이의 자존감에 상처만 준 것은 아닌지 매우 걱정이 되었다. 하지만 하나님은 이 모든 상황 속에서 우리 아이들을 신실하게 인도하셨다.

이미다
알고 계셨던 주님

멈추지 않는 아내의 기도

나는 가끔씩 교회 예배에 참석했다. 그야말로 '참석'일 뿐이었다.
가족들 때문이 아니라면 특별히 교회에 나가지도 않았을 그런 믿음
이었다. 그저 덩달아서 잘 알지도 못하는 하나님께 막연한 기도를
올리고 있었다.

하지만 아내는 달랐다. 신앙생활을 시작한 1976년부터 모든 것이
교회와 말씀 위주였다. 매일같이 새벽 기도에 나가고 전도에 열심을
내었다. 아내는 수선집에 온 손님들을 전도할 때마다 '우리 가정이
너무나 힘들고 어려웠지만, 예수님께서 우리 가정을 세워 주셨다'는
간증을 꼭 했다. 아이들에게도 공부하라는 말보다는 늘 말씀을 읽고
교회 생활을 우선시하도록 교육시켰다. 헌금에 대해서도 충실했다.

아내의 재봉틀 옆에는 항상 교회 모양으로 생긴 저금통이 있었다. 아내는 그 안에 동전이 가득 차면 어김없이 헌금을 했고 아이들도 기쁜 마음으로 동참했다. 십일조도 빠지지 않았다. 나도 가끔 교회에 나갔기 때문에 헌금에 대해서 특별히 무어라 하지는 않았다. 극장에 갈 때에도 입장료를 내는데 좋은 말씀 들으러 교회에 가면 그 정도는 내야 한다고 생각했다. 또 무언가 믿는 것이 있다는 건 좋은 일이라 생각했다.

그러나 아내와 갈등이 생기면 나는 꼭 교회부터 들먹였다. 교회에 가지 말라고 소리를 치기도 하고 교회에 돈을 가져다 바친다고 욕을 퍼붓기도 했다. 심지어 교회에 가지 말라며 술병을 던지기도 하였다. 싸울 때마다 교회를 걸고 넘어졌던 이유는 교회 이야기만 나오면 아내가 약해졌기 때문이다. "교회에 가지 말고 헌금도 하지 마!" 하고 강하게 나오면 아내는 즉시 다른 것은 다 맘대로 해도 좋으나 교회만큼은 양보 못한다며 사정했기 때문에 나는 번번이 이것을 악용했다.

아내는 남편의 구원을 위해 끈질기게 눈물로 기도했다. 사실 우리 가정이 여기까지 온 것은 전적으로 아내의 기도와 눈물 때문이다. 흔들리고 약해졌던 사람은 언제나 나였다. 반면, 아내는 단 한 번도 포기한 적이 없었다. 아내는 힘든 일이 있으면 언제나 교회에 가서 기도했다.

한번은 영신이가 이런 말을 했다. 어렸을 때 엄마가 아빠 아닌 다른 남자 앞에서 울었던 기억이 있다는 것이다. 그때는 왜 엄마가 다른 남자 앞에서 우는지 이해할 수 없었다고 한다. 그런데 나중에 알고 보니 그 남자는 교회 목사님이셨다. 아내는 힘들고 어려울 때면 그렇게 교회를 찾아갔고 목사님께 상담받고 기도하면서 고난의 시절을 견뎌 냈던 것이다. 아내의 기도는 우리 집의 보이지 않는 힘이요, 능력이었다. 나는 가정 형편이 조금씩 좋아지고 있는 것이 나의 노력과 운이라고 생각했지만 사실은 보이지 않는 하나님의 손길이 우리 가정을 움직이고 있었던 것이다. 아내의 기도는 우리 집안에 하나님의 손길을 부르는 메가폰처럼 언제나 멈추지 않았다.

1986년 우리가 살던 응봉동 시영아파트가 헐리게 된다는 최후통첩을 받았다. 우리는 세 들어 살고 있었기 때문에 아파트가 헐려도 우리에게 돌아올 몫은 없었다. 그동안 모은 돈으로 빚은 갚았지만 새로 집을 사서 이사 갈 형편은 못 되었다.

아내는 이 문제에 대해서 간절히 기도했다. 아내와 나는 시간이 나는 대로 집을 알아보러 다녔다. 그러던 중 암사동 근처에 12평짜리 아파트를 둘러보게 되었는데, 조금 작았지만 베란다도 딸려 있어서 아내와 나는 그 집이 무척 마음에 들었다. 하지만 시골에서 올라온 장인어른은 그 집을 보시고는 이렇게 말씀하셨다.

"좋긴 하지만 집이 너무 좁네. 처남 댁 식구들도 함께 살아야 할 텐데 기왕 집을 사려면 좀 더 큰 집을 사게나. 마침 내게 소를 팔고 받은 돈이 300만 원 정도 있으니 집을 살 때 보태게."

소를 팔아서 모은 돈을 보자기에 싸서 가슴팍에 꽁꽁 동여매고 서울로 올라오신 장인어른의 배려에 나는 깜짝 놀라면서도 참으로 감사했다. 결혼 전에는 백수건달 사위인 나를 못마땅하게 여기셨지만 이제는 당신에게 외손자까지 안겨 준 나를 친자식처럼 생각하셨던 것이다. 그런 장인어른에게 나는 더 효도하리라 마음먹었다. 하지만 이 못난 사위를 친아들처럼 생각해 주셨던 장인어른은 이미 15년 전에 암으로 돌아가셨다. 효도 한 번 제대로 못하고 보내 드린 것이 너무나 죄송스럽다.

우리 부부는 용기를 내어 더 넓은 집을 찾아보기로 했다. 그때 마침 월계동과 성산동에 철거민들을 위한 고층 시영아파트가 분양 중이었다. 그중 월계동의 21평 아파트가 마음에 들었지만 프리미엄이 붙어서 가격이 1500만 원이 넘었다. 장인어른이 주신 돈 외에는 무일푼이었던 우리는 20년 장기 주택 융자를 받고 개인택시를 담보로 최대한 대출을 받아 월계동 미성아파트를 간신히 구입할 수 있었다. 아내가 수선집을 운영할 수 있도록 1층을 선택했다. 태어나서 처음으로 내 집을 갖게 된 것이다.

나는 아직도 이사 가던 그날을 잊을 수가 없다. 내 집이 있다는 사실에 밥을 먹지 않아도 배부른 것 같았다. 아내는 치우고 또 치우고, 닦고 또 닦았다. 하루에 몇 번을 청소해도 즐거웠다.

새집에 누워 나의 어린 시절을 떠올렸다. 캄캄하고 허름한 방에 아버지와 단둘이 버려져 있던 나의 모습이 눈앞에 그려졌다. 그때와 비교하면 지금은 너무나 많은 것이 달라져 있었다. 내 옆에는 부지런한 아내와 사랑스러운 두 아이가 있다. 깨끗하고 쾌적한 방은 윗목 아랫목 할 것 없이 골고루 따뜻했다. 내 인생도 매일매일 골고루 따뜻해지는 것 같아 마냥 행복했다.

어렵게 자기 집을 장만해 본 경험이 있는 사람이라면 이 기쁨을 이해할 것이다. 나와 내 가족이 거할 수 있는 내 소유의 집이 있다는 것은 큰 행복이다. 나는 안정적인 거처에서 삶도 안정적으로 변하게 됨을 경험했다. 돌아가 쉴 집이 있을 때 더 힘을 내서 일할 수 있다. 지금도 집이 없어서 고생하며 떠돌아다니는 사람들을 보면 옛날 생각이 나면서 정말 가슴이 아프다.

예수님을 믿는 사람들이 고난 가운데서도 평안을 누리며 사명을 위해 자신의 인생을 바칠 수 있는 것은 그들에게 돌아가 쉴 수 있는 영원한 집인 천국이 있기 때문이다. 하나님의 자녀들은 천국에 자신의 집을 소유하고 있다. 영원한 안식과 평안을 누릴 거처가 바로 그곳에 있는 것이다. 절대 무너지지 않는 견고한 집의 입주권을 가지고 있기 때문에 이 세상의 풍파에도 쉽게 요동하지 않는다.

> 만일 땅에 있는 장막 집이 무너지면 하나님께서 지으신 집 곧 손으로 지은 것이 아니요 하늘에 있는 영원한 집이 우리에게 있는 줄 아느니라
>
> 고린도후서 5: 1

그렇게 살면 안 돼

아내의 수선집에는 많은 이웃들이 매일 드나들었다. 그러다 보니 세상 사는 이야기들을 많이 듣게 되었다. 그중에서도 아내의 귀를

가장 솔깃하게 했던 것은 부동산 추세에 관한 이야기였다. 나도 택시 운전을 하면서 손님들에게 부동산 투기에 관한 얘기를 많이 들었다. 하지만 이때까지 우리 부부는 부동산으로 재산을 증식하는 것은 영악한 사람들만 하는 것이라 생각하고 엄두조차 내지 못했었다.

그러던 어느 날이었다. 아내가 어딘가 급하게 다녀오면서 말했다.

"동네 부동산 사무실에 들러 아파트를 계약하고 왔어요."

나는 상황 파악이 안 되어 눈이 휘둥그레졌다.

"아니, 그게 무슨 말이오?"

"우리가 살고 있는 아파트 앞에 20년된 5층짜리 임대 아파트 있잖아요? 그 아파트가 곧 재건축이 된대요. 그런데 임대료를 내지 못해 서울시로부터 명의 이전을 못 받은 아파트가 있는데, 그 물건을 실소유자에게 판다고 해요. 가격은 450만 원인데 전세 300만 원을 공제하고 150만 원만 있으면 살 수 있대요. 그래서 당장에 계약하고 왔어요."

아내는 신이 나서 말했지만 나는 마음속으로 여러 가지 생각이 교차하였다. 나는 아내에게 말했다.

"여보, 우리는 그렇게 살면 안 돼. 어떻게 내 허락도 없이 그런 큰 일을 저지를 수가 있어?"

나는 아내에게 화를 내었다. 아내에게 그렇게 말해 놓고도 그것이 왜 안 되는지 나도 잘 몰랐다. 그냥 그렇게 살면 안 될 것 같았다.

결국 내가 완강하게 반대하여 그 아파트를 다시 팔기로 했다. 한 달밖에 지나지 않았는데도 100만 원 이상을 남기고 팔 수 있었다. 아파트를 팔고 오는 날 아내는 내 손을 붙들고 인근에 있는 백화점으로 갔다.

"양복 한 벌을 고르세요."

나는 엉겁결에 50만 원이나 하는 양복을 맞추게 되었다. 50만 원이면 우리 형편에는 매우 큰돈이었다. 백화점을 나오면서 아내가 말했다.

"너무 늦게 해줘서 미안해요. 사실은 결혼할 때 해주고 싶었어요."

그 후 아내는 형편이 조금씩 좋아질 때마다 어김없이 주변을 생각하였다. 처음 새집으로 이사했을 때도 예전에 함께 살던 산동네 사람들이 생각난다고 하였다. 우리가 너무 호강하면 하나님과 그 사람들에게 미안하다며 작은방에 하숙을 치기도 하였다. 그리고 가난해서 결혼식을 올리지 못하고 사는 부부들을 위해 교회에서 결혼식을 올려 주고 싶다고 하였다. 나는 흔쾌히 동의했다. 우리 부부는 손수 드레스 세 벌을 만들어서 예복을 마련해 주었다. 그들은 부끄러워하면서도 무척 고마워하였다. 나도 모처럼 보람 있는 일을 했다는 생각에 감사하고 기뻤다.

15년 전 우리 부부가 결혼하던 때가 떠올랐다. 그때도 아내는 자신의 드레스를 손수 만들었다. 하지만 그 결혼식은 아내의 마음에 오랜 상처로 남았다. 지금 아내는 저들의 결혼식을 도우며 무슨 생각을 하고 있을까? 자신이 직접 만들어 준 드레스를 입고 입장하는 신부를 보면서 무슨 생각을 하고 있을까?

이렇게 교회에서 좋은 일을 하게 되자 나는 더욱 떳떳하게 교회를 다닐 수 있게 되었다. 하지만 여전히 마음으로는 그리스도를 만나지 못했다. 여전히 체면과 약속 관계가 우선인 신앙생활을 하고 있었다.

안경과의 인연

고등학교를 졸업하자마자 서울에 온 막내 처남은 직장을 구하기 위해 백방으로 알아보고 다녔다. 하지만 이제 갓 고등학교를 졸업하여 기술도 없는 풋내기 청년을 받아 주는 곳은 없었다. 이때 아내가 나섰다. 동네에 안경원이 있었는데 자신의 동생이 저 일을 하면 좋겠다는 생각이 들었다고 한다. 그래서 안경원 주인에게 견습공이라도 좋으니까 안경 일을 배울 수 없냐고 물었더니 감사하게도 아는 안경원을 소개해 주었다. 그렇게 해서 막내 처남은 안경원에 취직하게 되었고 차비만 받고 안경 일을 배우기 시작하였다. 싹싹하고 손재주가 있던 처남은 금세 안경원 일에 적응할 수 있었다.

그런데 몇 년 후 안경사가 되기 위해서는 국가의 공인을 받아야 하는 제도가 생겼다. 그전만 하더라도 기술이 있고 허가만 받으면 안경원을 차릴 수 있었는데, 이제는 정규 학교도 나와야 하고 국가 자격시험을 보아야 정식 안경사가 될 수 있게 되었다. 다만 첫해에는 그동안 안경원을 해왔거나 관련 업에 종사하던 사람에 한해서만 시험 응시 자격을 주었다. 처남에게도 기회가 왔다. 평소 공부를 멀리해 온 처남은 자신의 미래가 달려 있는 만큼 열심히 공부했다. 그리고 단번에 시험에 합격하였다. 처남은 정식 안경사로 일하게 되자 자신감을 가지고 더욱 열심히 일하였다.

그러던 어느 날이었다. 일을 마치고 집에 돌아온 처남이 나에게 중요한 제안을 하였다.

"매형! 안경원을 차려 주면 매형이 골프 치러 다니게 해드릴게요."

다소 갑작스런 제안이었지만, 처남의 말이 유쾌하게 들렸다. 처남은 그 이후에도 계속해서 안경원을 차려 달라고 부탁했다. 목 좋은 곳에 안경원을 차리고 장사만 잘되면 넉넉하게 살 수 있다고 하였다.

택시를 운영해서 밤낮없이 꼬박 일하면 한 달에 약 150만 원에서 180만 원을 번다. 그것도 몸이 부서져라 일해야 벌 수 있는 돈이다. 그런데 잘만 하면 훨씬 넉넉한 수입을 얻을 수 있다니, 점점 관심이 가기 시작했다.

마침 그때 나는 무엇을 할까 고민하는 중이었다. 택시를 처분했기 때문에 마땅히 일이 없었다. 물론 놀고 있었던 것은 아니다. 호텔 택시와 화물차 등 할 수 있는 일들을 이것저것 하고 있었다. 하지만 일이 안정적이지 않았다.

결국 우리는 막내 처남의 말대로 안경원을 차리기로 하였다. 그런데 막상 차리려고 하니 여간 돈이 많이 드는 것이 아니었다. 가게를 얻어야 했고 시력검사기 등 각종 장비도 구입해야 했다. 또 처남이 아직은 경험이 많이 부족했기 때문에 경력 있는 안경사도 고용해야 했다. 막상 결정은 했지만, 많은 돈이 들어가자 주저하게 되었다.

'또 모험을 해야 하나.'

그동안 우유 배달, 사과 장사, 중동 해외 근무, 이발사, 화물차 운전, 택시 운전 등 수많은 일을 해왔지만 안경원은 전혀 생각해 보지 않았다. 아내와 나는 하나님께 기도하기 시작했다. 번번이 기도에 응답해 주셨던 하나님께서 이번에도 응답하실 거라는 마음으로 열심히 기도했다. 놀랍게도 아내와 나는 기도하면 할수록 마음이 평안해졌다. 그리고 다시 한 번 도전하기로 마음먹었다.

이렇게 기도하며 가게를 알아보러 다니던 중에 눈에 띄는 곳이 있었다. 당시 중계동에 백화점이 새롭게 들어서서 점포를 분양 중이었다. 마침 그곳에 안경원이 두 개 나와 있었다. 그 두 가게는 서로 인접해 있었는데 모두 한 사람이 소유하고 있었다. 하나는 주인이 직접 안경원을 하고 하나는 세를 놓는다는 것이었다. 가게를 얻기 위해 간절히 기도하고 있었기 때문에 아내와 나는 하나님이 주신 기회라고 생각하고 바로 계약을 맺었다. 나는 아파트를 팔아 6000만 원을 준비했다.

그런데 문제가 생겼다. 백화점의 준공 날짜가 자꾸 미뤄지는 것이었다. 나는 전 재산을 정리했기 때문에 속이 탔다. 안경원 개원은 자꾸 늦춰지는데 팔았던 아파트의 가격은 계속 오르고 있었다. 처남과 아내가 괜스레 원망스럽기까지 하였다. 하지만 아내는 이번에도 나를 격려하며 견뎌 주었다. 우리가 언제 백화점에 들어가 장사를 해볼 수 있겠느냐며 힘내자고 하였다. 이렇게 상황이 간절해지다 보니 저절로 기도가 나왔다. 심지어 평생 한 번도 가보지 않은 새벽 기도회에 나가 기도도 했다.

"하나님, 이게 어떻게 된 일입니까? 준공이 빨리 순적하게 이뤄지게 하시고 안경원도 오픈하도록 도와주세요."

지금 생각해 보면 그때 준공이 늦어진 것이 너무나도 감사하다. 만약에 준공이 제 날짜에 계획대로 진행되었다면 나는 그렇게까지 기도의 자리로 나가지 않았을 것이다. 어쩌면 더욱 교만해졌을지도 모른다. 하지만 준공이 늦추어진 것 때문에 나는 새벽에 일어나 하나님 앞에 나아갔다. 그 상황에서 내가 할 수 있는 일은 아무것도 없었다. 내가 직접 삽을 들고 공사 현장에 뛰어들 수 없는 노릇이었다. 막연히 기다려야만 하는 그 상황에서 부르짖은 나의 기도는 내 영혼을 자라게 했다. 비록 그것이 어린아이 같은 기도였을지라도 말이다.

그런 우여곡절 끝에 얼마 지나지 않아 가게를 오픈할 수 있게 되었다. 하지만 문제가 다 해결된 것이 아니었다. 우리 옆집에 들어올 안경원의 사장은 우리나라에서 알아주는 안경사였다. 이미 이곳저곳에서 안경점을 운영하여 성공한 연륜 있는 사람이었다. 하지만 우리는 고작 스물세 살짜리 풋내기 안경사를 데리고 시작해야 했다. 그리고 자본도 턱없이 부족했다. 시력검사기를 들여와야 하는데 최신형 검사기는 무려 2500만 원이나 했다. 이 돈은 임대 아파트 한 채 값이었다. 돈이 많이 부족하였지만 옆집과 어느 정도 수준을 맞추어야 했기 때문에 대충 준비할 수 없었다.

최신형 시력검사기를 들여오기 위해 나는 무작정 기기 전문점에 찾아갔다. 나는 열심히 장사해서 갚겠으니 기계를 외상으로 달라고 했다. 처음에 사장님은 황당해하셨다. 전혀 안면이 없는 사람이 찾아와 2500만 원씩이나 하는 기계를 외상으로 달라고 무작정 부탁하니 당연히 그럴 법도 했다. 그런데 놀랍게도 현금 보관증을 써주면 기계를 설치해 주겠다고 하는 것이 아닌가!

사실 이것은 기적이었다. 신용이 없는 사람에게 현금 보관증 하나만 받고 2000만 원이 넘는 기계를 준다는 것은 비즈니스 세계에서는 꿈도 꿀 수 없는 일이었다. 그때 흔쾌히 나를 믿어 주셨던 사장님께 정말 감사드린다. 그리고 무엇보다 그의 마음을 움직여 주신 하나님께 감사드린다. 하나님은 정말 살아 계신 게 틀림없다. 더욱 놀라운 일은 그때 안경원을 시작하며 처음 구입했던 시력검사기가 지금 우리 부부가 노인들의 안경을 무료로 맞춰 드리는 일에 대단한 활약을 펼치고 있다는 것이다. 기적으로 얻은 기계는 여전히 우리 부부 옆에서 또 다른 기적을 보여 주고 있다.

드디어 개원일이 되었다. 우리는 한 달에 매출액이 1500만 원 정도만 되면 현상 유지를 할 수 있을 것이라고 생각했다. 그러나 결과는 기대 이상이었다. 첫 달부터 매출액이 3000만 원이 넘었다. 그리고 시간이 지날수록 매출이 점점 늘었다. 예전에는 한 달 동안 수고해야 벌 수 있는 액수를 하루에 벌게 된 것이다. 너무 감사하고 신이 났다. 그러나 무엇보다도 이 일을 통해 얻은 가장 큰 결실은 말할 수 없는 하나님의 은혜를 경험했다는 것이다. 나는 그때 살아 계신 하나님의 도우심을 깊이 체험했다.

안경 업계에서 베테랑이었던 옆집은 할인 카드를 발행하고 전단지를 나누어 주는 등 대대적인 홍보를 했다. 그러다 보니 옆집에 손님들이 많았고 미처 들어가지 못한 손님들은 자연스레 우리 집에 와서 안경을 맞추었다. 우리는 최대한 친절하고 정성스럽게 서비스를 제공했다. 그러자 손님들은 오히려 옆집보다 우리 집에서 안경을 구입하는 경우가 많아졌다. 옆집 사장은 재주는 곰이 부리고 돈은 되놈

이 가져간다며 속상해했다. 옆집 사장은 우리 안경원의 책임 기사를 몰래 빼내어 가기도 했고, 크고 작은 일에 자꾸 시비를 걸기도 하였다. 하지만 오히려 그런 어려움 속에서 우리 가게는 더욱 잘되었다.

장사하는 사람들은 장사에 대해 자기 나름대로의 직감이 있다고들 한다. 될 일과 안될 일이 은연중에 느껴진다는 것이다. 하지만 그 당시 우리의 성공은 그런 직감을 넘어선 것이었다. 안될 것 같다고 느낄 때마다 믿기 어려운 일들이 일어났다. 그때의 경험은 내 믿음에 큰 힘이 되었다. 나는 보이지 않는 하나님의 도움의 손길을 확실하게 느낄 수 있었다.

사람이 마음으로 자기의 길을 계획할지라도 그의 걸음을 인도하시는 이는 여호와시니라

※ 잠언 16:9

회심 그리고 기도 연습

안경원이 어느 정도 안정되면서부터 가게는 아내와 막내 처남에게 맡기고, 나만의 일을 찾기 시작했다. 나는 부동산 중개업을 해보기로 마음먹었다. 다행히 안경원은 계속해서 수익을 올리고 있었기 때문에 어렵지 않게 중개 사무소를 열 수 있었다. 나는 공인중개사 자격증이 없었기 때문에 자격증을 가진 직원을 채용하여 운영했다.

그러면서 나도 공인중개사 시험 준비를 시작했다. 하지만 평생 공부라고는 해본 적 없는 내가 40대 중반의 나이에 무언가를 한다는 것은 쉬운 일이 아니었다. 게다가 공인중개사 시험에는 수학 문제가 나왔다. 나는 수학에 관해서는 덧셈 뺄셈 외에는 아는 것이 없었다. 내가 공부를 한다고 하자 가족들도 처음에는 의심 반 걱정 반이었다. 하지만 학원과 도서실을 오가며 열심히 공부했다. 그러다 보니 은근히 공부하는 것이 재미있기도 하였다. 당시 중학교와 고등학교를 다니고 있던 영모와 영신이의 도움을 많이 받았다. 아이들은 늦게 공부를 시작한 아버지를 많이 응원해 주었다.

감사하게도 두 번 만에 시험에 합격하였다. 태어나서 운전면허 시험을 제외하고 시험이라고는 처음 보았는데 합격이라니……. 그즈음 아들 영모도 연세대학교 정치외교학과에 합격하였다. 우리 집안에 겹경사가 난 것이다. 상상할 수 없는 축복들이 우리 가정에 계속해서 쏟아졌다.

이렇게 따뜻한 햇살이 줄곧 내 인생을 비추자 내 마음도 조금씩 녹아내리기 시작했다. 사실 나는 다른 사람과 스스럼없이 대화하거나 쉽게 친해지지 못했다. 남의 이야기를 들어주고 내 감정을 부드럽게 표현하기보다 내 뜻만 고집하며 가르치기 일쑤였다. 그래서 대화의 과정 중에 나의 연약함과 공격성이 곧잘 드러났다. 고슴도치와 같다고나 할까. 누군가 나에게 다가오면 그는 나의 말과 태도에 쉽게 상처를 받았다. 나의 이런 연약함을 아내는 가끔 지적하기도 했고, 나 또한 의식적으로 고쳐 보려고 노력했지만 쉽지 않았다. 어릴 때부터 충분한 사랑을 받지 못했고, 살아남기 위해 발버둥 치며 투쟁적으로 살아왔기 때문이리라.

언젠가 시골 길을 지나다가 딱딱하게 언 밭을 본 적이 있다. 추운 겨울 날씨로 꽁꽁 언 땅에는 생명이라고는 찾아볼 수 없었다. 나는 그 밭이 꼭 내 마음 같다고 생각했다. 어떤 생명도 자랄 수 없는 딱딱하게 굳은 땅 말이다. 많은 사람들이 내 마음의 밭에 곡괭이질을 하며 밭을 갈아 보려 했지만 힘만 뺀 채 돌아섰다. 하지만 언제부터인가 따뜻한 햇살이 소리 없이 그 밭을 녹이고 있었다. 나도 모르는 사이 꽁꽁 언 내 마음이 조금씩 촉촉하고 부드러워졌다. 하나님의 따뜻한 사랑의 햇살은 내 삶의 여러 가지 열매들을 통해서 내 마음 밭을 내리쬐었다. 예전에는 왜 나를 이렇게 불쌍하게 태어나게 하셨는지 이해할 수 없어서 원망하는 마음이 깊숙이 뿌리박혀 있었다. 하지만 하나님은 모든 상황이 하나님의 아름다운 뜻 안에 있음을 볼 수 있도록 내 영혼의 눈을 뜨게 해주셨다.

1991년 나는 드디어 세례를 받게 되었다. 많은 사람들 앞에서 신자됨을 알리는 세례 의식은 내 인생이 새롭게 시작된다는 느낌을 주었다. 나는 세례를 받고 나서 교회 생활에 더욱 열심을 내었다. 예배와 모임에 적극적으로 참여하였다. 신앙생활을 한 지 얼마 되지 않았지만 많은 사람들의 도움으로 곧 적응할 수 있었다. 형제자매님, 집사님, 권사님 등 낯설기만 하던 호칭과 예배 문화도 익숙해졌다.

그러던 어느 날, 주일 예배 후 남선교회 총회 회의가 있었다. 회의를 하던 중 그해 남선교회 회장이던 집사님이 일어나더니 갑자기 나를 차기 회장으로 추천하였다. 그 순간 모든 회원이 동의하며 박수를 쳤다. 순식간에 일어난 일이었다. 나는 영문도 모른 채 남선교회 회장으로 선출되었다. 당시 나는 신앙생활에 대한 열정은 있었지만, 영적인 세계에 대해서는 완전히 무지했다. 성경 말씀을 체계적으로 공부하지도 않았고 어떻게 기도해야 하는지도 잘 알지 못했다. 기도도 못하고 말씀도 잘 모르는 내가 회장직을 감당해 낼 자신이 없었다.

남선교회 회장으로 있을 때 내 신앙생활에 중요한 계기를 맞게 해준 사건이 일어났다. 새로 이사 온 남선교회 회원을 담임 목사님과 함께 심방하고 있었는데 목사님이 예고도 없이 "회장이 기도하세요" 하고 지시하셨다. 그때 나는 너무나도 당황한 나머지 몇 분 동안 말문을 열지 못하다가 가까스로 횡설수설하는 기도를 드렸다. 그 순간이 얼마나 길게 느껴졌는지 모른다. 기도를 하는 나도, 듣는 사람도, 심지어는 하나님조차도 무슨 말인지 알아들을 수 없는 기도였을 것이다. 얼굴이 화끈거려 눈을 뜰 수가 없었다.

예배가 끝나고 목사님께서 "항상 기도할 수 있도록 준비하세요"라고 말씀하셨다. 나는 집으로 돌아오는 내내 속으로 기도를 반복하며 '이렇게 할걸' 하며 후회했다. 그런데 하나님께서는 이 일을 계기로 나에게 기도 훈련을 시키셨다.

하나님은 나를 너무 잘 알고 계셨다. 만약 누군가 내게 기도하라고 강요했다면 거부감부터 생겼을 것이다. 체면과 자존심이 강한 나의 성격을 아시고 정말 자격 없는 자에게 직분을 맡겨 주시고 자발적으로 주님 앞에 나아가도록 계기를 허락하신 것이다. 그날 이후 기도 훈련을 하기 위해서 산상 기도회를 열심히 다녔다. 처음에는 기도원 분위기가 어색했지만 함께 뜨겁게 기도하며 하나님의 임재하심을 경험할 수 있었다.

하루는 남선교회 회원들과 함께 기도원을 찾았다. 여느 날과 다를 것이 없는 기도회를 시작하면서 내 마음에 말할 수 없는 평안함이 밀려들었다. 찬양을 하자 가사 한 구절 한 구절이 예사롭지 않게 입에서 흘러나오고, 영으로 찬양하고 있음을 느낄 수 있었다. 그러면서 나도 모르게 눈물이 흐르기 시작했다. 누가 볼까 조심스레 옷깃으로 눈물을 훔쳤지만, 한 번 터지기 시작한 눈물은 멈추지 않았다. 말씀 내내 눈물이 흘렀다. 특별히 어떤 말씀에 감동받은 것도 아니었다. 다만 무언가 강한 힘이 나를 감싸고 있음을 느낄 수 있었다. 내 얼굴은 이내 눈물과 콧물 범벅이 되었다. 말씀이 끝나고 찬양과 기도가 시작되었지만 눈물은 계속해서 멈출 줄을 몰랐다. 특별히 기도를 하는 것도 아니었다. 그저 예수님 앞에서 흐느껴 울었다. 부모 앞에서도 어리광 피우며 울어본 적이 없었는데 예수님 앞에서 한없이 울었다. 체면도 남의 시선도 신경 쓰지 않았다. 내 앞에 주님이 계셨고 나는 그저 펑펑 울 수밖에 없었다. 나는 내 과거를 모두 주님께 아뢰고 싶었지만 주님은 이미 모든 것을 알고 계셨기에 그럴 필요는 없었다. 그냥 그 자리에서 나를 울도록 하셨다. 그런데 그때 주님께서 내게 말씀하셨다.

'그때 내가 거기 있었다.'

그때 주님이 거기에 계셨단다. 다 쓰러진 초가집에 나와 아버지가 버려져 있었을 때, 그때 주님이 거기에 계셨단다. 아버지가 돌아가시고 혼자 남았을 때, 그때도 주님이 함께 하셨단다. 어머니를 보고도 말 한마디 하지 못하고 돌아왔을 때, 서울로 올라오던 기차 안에서도, 험난한 서울역 생활을 하던 그때도, 병든 몸으로 찾아갔던 탄광촌에서도, 사우디아라비아의 모래사막 한가운데에서도, 일곱 식구가 함께 살던 9평짜리 좁은 집에서도……. 주님은 항상 나와 함께 계셨다.

'나는 혼자가 아니었다.'

나의 잠재의식을 짓누르던 지긋지긋한 외로움과 거절감의 그림자를 걷으시며 주님이 말씀하셨다.

"임마누엘(하나님 우리와 함께 하시네)!"

> 보라 처녀가 잉태하여 아들을 낳을 것이요 그의 이름은 임마누엘이라 하리라 하셨으니 이를 번역한즉 하나님이 우리와 함께 계시다 함이라
>
> ❄ 마태복음 1:23

바로 그날 나는 그렇게 주님을 만났다. 아니 그때 처음 만난 것이 아니라 계속 함께하셨던 그 주님을 그때서야 알아보았다.

기도원을 내려오면서 남선교회 회원들이 "박 집사 은혜받았다"며 격려해 주었다. 정말 은혜를 받았다. 예수님께서 내 마음에 계신다는 것이 무엇인지 처음으로 깨달았다. 발걸음이 가벼웠다. 주변의 나무와 새들도 새롭게 보였다. 밤하늘의 달도 다르게 보였다. 사람들의 얼굴도 천사처럼 보였다.

울어도 울어도 싫지 않은 눈물이 내 가슴을 적신 그날의 그 기분, 그 느낌을 다 묘사하지 못하는 것이 정말 아쉽다. 혼자가 아니라는 걸 깨달은 기쁨이, 나의 모든 죄와 아픔과 상처를 씻김받은 그 감격이 무엇인지 정확히 묘사할 수 없음이 아쉬울 따름이다.

그날 밤 기도원에서 겪었던 영적 체험은 내 신앙의 모습을 전혀 다른 차원으로 바꾸어 놓았다. 그동안은 신앙생활도 사회생활하듯이 했다. '여기도 사람 모이는 곳인데 열심히 하면 되겠지'라는 마음으로 말이다. 하지만 '열심'을 넘어서는 차원이 있음을 알게 되었다. 주님의 은혜와 인도하심으로, 완전히 새로운 차원을 바라보는 것이 진짜 신앙임을 깨달았다. 주님은 나를 '껍데기 그리스도인'에서 '진짜 그리스도인'으로 바꾸어 주셨다.

"아빠 같은 사람도 변화시키시네요"

나는 기억을 잘 못하지만 딸 녀석이 그즈음을 회상하면서 이런 이야기를 한 적이 있다.

기도원에 다니며 은혜를 누리던 어느 날 아침이었다. 온 가족이 함께 식탁에 앉아 식사를 하려는데 갑자기 내가 "오늘부터 우리 가족은 함께 식사 기도를 하고 밥 먹자"라고 했다는 것이다. 그리고는 내가 기도를 했는데 식구들 모두 감격에 겨워 눈물을 흘리며 밥을 먹었다고 한다. 밥이 입으로 들어가는지 코로 들어가는지 알지 못했다나……. 이 이야기를 하면서 딸이 한마디 덧붙였다.

"예수님은 아빠 같은 사람도 변화시키네요."

썩 기분 좋은 말은 아니지만 그 말은 정말 맞다. 예수님은 나 같은 사람도 변화시키셨다. 깨어진 그릇 조각같이 쓸모없는 인생에게 살 소망을 불어넣어 주셨다.

아들 영모가 대학 새내기들을 위해 쓴 간증문에는 나에 대해 다음 과 같이 적고 있다.

아들 영모의 간증문

하나님께서 제게 주신 가장 큰 사랑의 표현은 바로 가정의 변화였 습니다. 저는 어렸을 적에 열등감이 참 많았습니다. 중학교 3학년 때 까지는 키가 작아서 외모에 대한 열등감이 있었고, 사립 초등학교에 다닐 때는 집안의 경제 수준이 다른 집보다 낮은 것에 대한 열등감이 있었습니다. 그러나 무엇보다도 어렸을 때 저의 열등감의 원천은 아버 지였습니다.

지금 돌아보면 제 아버지는 자식들에게 함부로 하거나 자식들의 삶 을 소홀히 여기지 않으셨습니다. 오히려 자신이 받은 상처와 가난이라 는 고통을 자식들에게 물려주지 않으려고 열심히 사신 분입니다. 그러 나 그때는 아버지의 그러한 헌신보다는 약점이 더 많이 보였고, 아버 지를 원망하는 마음이 많았습니다.

제가 아주 어렸을 때 아버지는 교회에 다니지 않으셨습니다. 그래서 어머니가 교회 생활에 열심인 것 같으면 굉장히 많이 화를 내셨습니다.

또한 술을 좋아하셔서서 자주 그리고 많이 드셨습니다. 집에는 항상 술병이 가득했고, 얼마나 빨리 술 심부름을 하는지 기록 아닌 기록을 갱신하던 제 모습도 기억납니다. 무엇보다 제 마음에 상처로 남아 있었던 것은 아버지가 어머니를 때리던 모습이었습니다. 부모님이 싸우실 때면 얼마나 가슴이 떨렸는지 모릅니다. 그래서 아버지와 옷깃이 닿는 것도 싫을 만큼 아버지에 대한 분노가 늘 가슴에 맺혀 있었습니다.

그러던 우리 가정에 하나님의 은혜가 임하기 시작했습니다. 제가 중학교 2학년 때 그렇게 완강하던 아버지께서 한두 번 교회에 나가기 시작하셨습니다. 아버지는 당시를 회고하시며 교회 가면 복 받는다는 생각에 나갔다고 말씀하셨습니다. 그러나 어머니의 헌신적인 기도가 쌓이고 하나님의 때가 찼기 때문이었겠지요.

제가 고등학교 들어갈 때에 아버지는 진정한 그리스도인으로 변화되어 가고 있었습니다. 주일 성수도 잘하셨고 교회에서 서리 집사의 직분도 받으셨습니다. 그렇게 교회 가는 것을 핍박하시던 분이 예수님을 따르는 성도가 되신 것입니다. 언제인지는 잘 기억나지 않지만 어느 날 아버지께서 "이제 식사하기 전에 함께 기도하고 밥을 먹자"라고 말씀하시며 대표로 식사 기도를 하셨습니다. 저와 가족들의 눈에는 눈물이 맺혔고, 그때의 감격은 지금도 잊을 수 없습니다. 단지 식사 전에 온 가족이 기도하고 밥을 먹었을 뿐인데 억만금으로도 얻을 수 없는 기쁨이라고 기억되는 것은 왜일까요?

하지만 문제는 여전히 남아 있었습니다. 비록 아버지께서 신앙을 가지셨지만, 아버지를 향한 저의 마음은 열리지 않았습니다. 아버지와 대화하는 것이 싫었고 불순종의 마음이 저를 지배하였습니다.

그러던 중 고등학교 2학년 여름방학 때였습니다. 하루는 제가 늦잠을 잤는데 아버지께서 깨우지 않는 것입니다. 당시 아버지는 제가 조금이라도 늦잠을 자면 혼을 내면서 깨우셨습니다. 나를 깨우는 아버지의 목소리는 세상에서 제일 듣기 싫은 소리 중 하나였습니다. 그러나 그날은 달랐습니다. 아버지는 저의 잠을 방해하지 않으셨고 저는 느지막이 일어나 두려움 반 신기함 반으로 화장실에 씻으러 갔습니다. 잠시 후 방으로 다시 들어가는데 아버지께서 제 방에서 씨익 웃으며 나오셨습니다. 저는 '왜 그러시나?' 하면서 방으로 들어갔습니다.

순간, 저는 잠시 동안 멈춰 설 수밖에 없었습니다. 제 방의 넓은 창으로 들어온 햇빛이 침대에 가지런히 개어져 있는 이불을 비추고 있었습니다. 아버지께서 제 방에 들어오셔서 저의 이불을 개어 놓으신 것이었습니다. 제 눈에서 눈물 한 방울이 주륵 흘렀습니다. 그 순간 아버지에 대한 원망과 분노, 두려움이 사라지는 것을 느낄 수 있었습니다. 그동안 아버지에 대한 마음이 해결되려면 이산가족 상봉할 때처럼 얼싸안고 우는 일이 있어야 될 줄로 생각했는데, 하나님이 하시니 눈물 한 방울로 해결된 것입니다. 아버지와 아들에게 새 일을 시작하신 하나님께서는 조금씩 우리를 변화시키셨습니다. 아버지에게는 아들의 늦잠을 혼내며 깨우기만 하다가 늦잠 잔 아들의 이불을 갤 수 있는 마음을 가지게 하셨습니다. 그리고 아들에게는 원망으로 가득 찬 마음에서 용서와 평안의 마음을 가질 수 있게 하셨습니다.

이러한 변화는 누구도 부인할 수 없는 전적인 하나님의 은혜입니다. 열심히 공부하면 만점을 받을 수도 있고, 열심히 땅을 파면 10미터, 20미터 깊이의 웅덩이도 만들 수 있지만, 사람의 가치관과 성품 그리고 비전의 변화는 노력으로 되는 것이 아닙니다. 사람의 마음은 사람이 어찌할 수 없는 것입니다. 오직 하나님만이 변화시키실 수 있습니다. 하나님은 인간을 창조하셨고 코에 생기를 불어넣어 영혼을 주신 분이시기에 인간에 대해서 누구보다 잘 알고 계십니다. 바로 창조의 하나님께서 저의 아버지와 가정을 변화시켜 주신 것입니다.

부모님은 두 분 다 초등학교만 졸업하셨습니다. 그러나 후에 고등학교 검정고시와 대입 검정고시를 통과하시고 함께 수능 시험을 보신 후 2000년에 김천에 있는 전문대학의 안경광학과에 입학하셨습니다. 그리고 지금은 초당대학교 서울 캠퍼스로 편입하셔서 안경광학과에 함께 다니고 계십니다. 제가 어렸을 적에는 매일같이 다투시던 두 분이 캠퍼스 커플이 되어서 항상 붙어 다니시게 된 것입니다.

하지만 가장 놀라운 것은 두 분이 함께 안경 선교를 다니신다는 것입니다. 25인승 버스를 개조해서 장비를 싣고 한 달에 한두 차례 전국을 누비며 주로 노인들을 대상으로 무료로 돋보기와 안경을 맞춰 드리면서 선교를 하고 계십니다. 2002년부터 시작하여 2년간 약 천여 명의 사람들에게 밝은 세상을 볼 수 있도록 하셨습니다. 빛이신 예수님을 만난 이후, 사람들에게 빛을 전하기 위해서 시간을 쪼개어 헌신하고 계십니다. 장비를 싣고 떠나시는 뒷모습을 볼 때면 '주 예수를 믿으라 그리하면 너와 네 가정이 구원을 얻으리라'고 약속하신 하나님의 말씀이 거짓이 아님을 확인할 수 있습니다.

우리 가족은 지금도 여전히 인간적인 연약함으로 인하여 서로 상처를 줄 때도 있고 갈등할 때도 있습니다. 그러나 부모님이 저를 위해, 그리고 제가 부모님을 위해 기도하는 내용은 옛날과 같지 않습니다.

부모님이 건강하고 화목하며 잘되는 것을 넘어서서 부모님을 통해서 어두운 곳에 하나님의 영광의 빛이 비춰지고, 부모님이 만나는 사람마다 구원을 얻게 되며, 부모님이 밟는 땅마다 하나님의 나라가 임하기를 기도하고 있습니다. 기도의 지경이 넓어지고 기도의 수준이 하나님의 마음에 점점 더 다가가게 된 것입니다. 온 가족이 함께 하나님께 쓰임받을 수 있는 영광과 축복은 이 세상의 무엇과도 바꿀 수 없는 것임에 틀림없습니다.

영모의 간증문의 한 구절이 가슴에 남는다.

'여전히 우리 가족이 갈등하고 때론 서로 상처를 줄 때도 있지만, 이제는 예전과 기도 제목이 다르다. 부모님을 통해 하나님의 나라가 임하기를 기도한다.'

그렇다. 예수님이 나와 우리 가정에 찾아오신 후에 일어난 가장 큰 변화는 내 삶이 나를 위한 삶에서 주님과 이웃을 위한 삶으로 바뀌었다는 것이다. 예전에는 나의 고통과 아픔이 내 인생의 숙제였다면, 지금은 다른 사람의 고통과 아픔이 우리 부부의 숙제가 되었다.

하나님과 이웃을 위해 살기로 결단했을 때부터 이미 두 배로 행복해진 내 삶. 이렇게 나를 변화시켜 주신 하나님을 찬양한다!

사람이 마음으로 자기의 길을 계획할지라도
그의 걸음을 인도하시는 이는 여호와시니라
— 잠언 16:9

네 일과 계획보다
나를 더 경외하느냐?

하나님, 월 1억 매출 되게 해주세요

1993년 공인중개사 시험에 합격하고 건영옴니백화점에서 안경원
과 함께 부동산 사무실도 운영하면서 돈을 많이 벌었다. 하지만 당
시 부동산을 운영하면서 더 높은 소득을 올리기 위해 거짓말도 해가
며 무리한 투자를 하기도 했다. 그런데 이런 나의 모습이 어색하고
불편해지기 시작했다. 내 안에 계신 성령님께서 자꾸 그것이 옳지
못한 방법이라고 말씀하셨다. 그래서 나는 부동산을 처분하기로 마
음먹었다. 그리고는 새로운 안경원을 준비하는 데 주력하였다.

그때 나는 구의동에 짓고 있던 테크노마트를 알게 되었다. 동서울
터미널에 인접하여 이동 인구가 많은데다 최초의 멀티플렉스 극장
시설이 들어서고, 웬만한 백화점처럼 커다란 상점들이 가득 들어설

예정이었다. 무엇보다 장래성 있는 전자타워가 있어서 매우 매력적으로 보였다. 내가 관심을 가질 때는 이미 분양 중이었고, 나와 있는 상가는 분양가가 약 10억 원 정도나 되었다. 가격이 만만치 않았지만 꼭 하고 싶었다. 곧 회사 간부가 분양받아 되파는 상가가 나와 있다는 것을 알게 되었다. 그 또한 분양가가 만만치 않았지만 꼭 하고 싶었다.

결국 절반만 분양 받기로 하고 5억3천만 원에 분양 계약을 체결했다. 예전에 건영옴니백화점에서 안경원을 열 때는 보증금이 5천만 원이었는데 만 4년이 지나지 않아 그 열 배가 넘는 가게를 계약한 것이다. 참 감사한 일이다.

계약 체결 후 2년 이상 공사를 했는데, 나는 매일 강변역에서 그곳을 내려다보며 기도했다.

"하나님! 이렇게 좋은 안경원을 할 수 있게 하신 뜻이 무엇입니까? 말씀만 하시면 그 뜻에 따르겠습니다."

그리고는 한마디를 덧붙였다.

"하나님, 월 1억 매출이 되게 해주세요."

그런데 예상치 못했던 일이 생겼다. 개원일이 코앞으로 다가오던 때에 IMF가 터진 것이다. 온 나라가 경제적 어려움에 허덕이고 있는데 나라고 예외일 수 없었다. 나는 미처 치르지 못한 잔금이 있었는데, 기업마다 구조조정을 하며 부동산을 팔고 있던 시점이라 부동산을 담보로 돈을 빌려 주는 은행이 없었다. 그런데 엎친 데 덮친 격으로 상가 개점일마저 4개월이나 미뤄졌다. 현금이 들어올 수 있는 시간이 4개월 늦춰진 것이다. 나와 아내는 매우 애가 탔다. 이제까지 쌓아 온 노력이 하루아침에 무너질 수 있다고 생각하니 잠도 오지 않았다. 하나님께 간절히 기도했지만 뾰족한 수가 나오지 않았다. 상황이 점점 더 어려워지니 하나님을 원망하는 마음이 생기기도 했다.

그런데 또다시 설상가상의 일이 발생했다. 나는 예수님을 만난 이후 술과 담배를 멀리하면서 등산을 통해 스트레스를 해소하곤 했는데, 어느 날 등산을 하다가 낭떠러지에서 굴러 떨어지는 사고를 겪게 된 것이다. 추락하면서 의식을 잃었기 때문에 기억이 안 나지만, 지나가던 등산객이 119 구조대를 불러 나를 병원으로 이송했다고 한다. 경추 5, 6번을 다쳐 다섯 시간이 넘는 대수술을 받아야 했다. 마취에서 깬 후 나는 통증 때문에 마치 지옥에 온 것 같은 고통을 겪었다. 부러진 척추가 신경을 눌러 오른손은 아예 움직이지도 못했다. 안경원 개원이 얼마 남지 않은 상황에서 청천벽력과도 같은 사건이었다.

하지만 오히려 몸을 다치고 나니 이상하게도 말할 수 없는 평안이 찾아왔다. 얼마 전까지 자금이 마련되지 않아 동분서주하며 걱정과 근심에 짓눌려 있었는데, 이제 내가 손쓸 수 있는 일이 아무것도 없게 되자 하나님 앞에 완전 항복을 외치게 되었다. 다치기 전까지만 해도 내 마음을 온통 사로잡고 있던 것은 자금 마련이었다. 하지만 다치고 나니 하나님을 찾게 되었다.

IMF도 내 건강도 내가 어떻게 할 수 없는 것이다. 하나님이 나의 걸음을 인도해 주시지 않으면 한 발자국도 나아갈 수 없다. 병상에서 나의 한계를 깨닫고 인정하자 마음에 평안이 찾아왔다.

그때 병문안을 오셨던 장로님과 권사님들이 나의 아픔을 위로하며 한마디씩 하셨다.

"하나님께서 박 집사를 정말 사랑하시나 봐. 적당한 때에 멈추게 하시고 교만하지 못하게 하시니 말이야."

만약 다치기 전에 이 말을 들었다면 섭섭했을 것이다. 교만해서 어려움을 당했다는 말을 듣고 좋아할 사람이 누가 있겠는가? 하지만 산동네의 작은 집에서 살다가 이제 5억이 넘는 가게를 열게 되자 나도 모르게 어깨에 힘이 들어가고 사람들 앞에 나를 드러내려고 했던 것이다. 하나님께서는 이런 나를 그냥 놔두시지 않았다.

교만은 패망의 선봉이요 거만한 마음은 넘어짐의 앞잡이니라

잠언 16:18

자녀가 잘못할 때 혼을 내서라도 잘못을 바로잡아 주는 부모가 진짜 부모다. 나는 분명히 하나님의 자녀임이 이번 사건으로 확인되었다. 하나님 앞에서 내 한계를 인정하고 앞서 가려는 마음을 내려놓으니 자유가 찾아왔다. 욥의 고백처럼 주시는 이도 여호와시요 거두시는 이도 여호와시니 내가 걱정할 것이 무엇이겠는가?

감사하게도 하나님의 주권을 인정하자 일이 곧 풀리기 시작했다. 테크노마트의 자금 담당 이사를 찾아가 사정을 이야기하니 여러 방법을 가르쳐 주었다. 나는 안경사가 아니었기 때문에 처남과 동업하는 형태로 계약서를 작성했고, 그 계약서를 가지고 은행 문을 두드리니 의외로 쉽게 대출이 되었다. 잔금을 치르고 나자 물건을 들여올 돈이 없었지만 도매상마다 외상으로 물건을 주었다. 그간 영업을

하면서 철저히 신용을 지켰기 때문이라며 아무런 조건 없이 거래할 수 있게 해주었다.

테크노마트에서 처음 안경원을 시작할 때 함께 일하는 사람이 열 명이었다. 한 사람 한 사람 하나님께서 친히 보내 주신 사람들이었다. 사람을 고용해 본 고용주는 알겠지만 영업을 잘하고 일 잘하는 것도 중요하지만 일하는 사람들끼리 화합하는 것이 참으로 중요하다. 그런데 감사하게도 10명 모두 한 팀이 되어서 조화를 이루어 가게를 운영해 나갈 수 있었다. 오픈 감사 예배를 드리고 장사를 시작하자 목표한 것 이상으로 영업이 잘되었다. 매출이 늘어나면서 가게를 오픈하느라 얻은 빚들을 곧 다 갚을 수 있게 되었다. 교회에서는 십일조를 제일 많이 낸다는 소문이 날 정도로 하나님께서 물질적인 은혜를 부어 주셨다.

그 후로도 나는 비슷한 상황을 여러 차례 경험했다. 내가 새로운 일을 시작하거나 새로운 계획을 짜려고 하면 하나님께서 항상 먼저 물으시는 게 있다.

"종월아, 너는 그 일과 계획보다 나를 더 경외하느냐?"

하나님보다 내가 더 앞서 가 있을 때는 하나님께서 여지없이 깨닫게 하신다. 어떤 사람은 그것을 구속(拘束)으로 여기는데 나는 그런 구속이라면 백배 천배 더 받아도 좋다. 온 세상을 창조하신 주님께서 나에게 관심이 있다는 것이 얼마나 감사하고 감격스러운가? 하나님은 한 번 선택한 백성을 절대 포기하거나 그냥 두지 않는 분이다. 하나님 안에서 사는 법을 가르치시고 참 기쁨과 자유를 주신다. 그분을 인정하고 살아갈 때 인생에 깊은 평안을 누릴 수 있다.

너는 마음을 다하여 여호와를 신뢰하고 네 명철을 의지하지 말라
너는 범사에 그를 인정하라 그리하면 네 길을 지도하시리라

✤ 잠언 3: 5-6

어려움이 만학의 꿈으로

1998년 말, 사업이 안정되기 시작하자 아내와 나는 잠시 잊었던 삶의 목표들을 떠올렸다. 어렸을 때 우리는 배우고 싶었지만 배울 수 없었다. 아내와 나는 남들처럼 공부해 보는 것이 소원이었다. 나는 늦깎이 공부를 하기로 결심했다. 나의 생각을 아내에게 이야기했더니 자신감을 갖고 시작하라고 용기를 주었다. 나보다 더 공부에 적극적인 아내는 이미 1991년에 중학 과정 검정고시를 마친 상태였다. 검정고시 선배인 아내는 내가 충분히 해낼 수 있을 거라며 격려해 주었다. 나는 그해 9월 검정고시 학원에 등록하고 6개월 만에 중학 과정을 마치게 되었다. 고등학교 검정고시 합격 통지서를 받는 날 영모와 영신이가 이런 말을 했다.

"하하하, 드디어 아버지 학력을 솔직하게 적을 수 있게 되었네요."

영모와 영신이는 1년에 한 번씩 가족 사항을 기록해서 학교에 제출해야 했다. 아버지 어머니의 이름과 학력을 기재할 때마다 나와 아내는 '중학교 졸업'이라고 썼다. 차마 초등학교 졸업이라고 쓸 수가 없었다. 하지만 이제 드디어 진짜 중학교 졸업자가 된 것이다. 졸업식도 없고 졸업장도 없이 검정고시 합격 통지서만 받았지만 그 기쁨

은 이루 말할 수 없었다. 쉰이 넘은 나이에 중학교를 졸업한 것이다.

나는 고등학교 검정고시 합격 후 아내와 함께 대입 검정고시를 준비하였다. 우리 부부도 아이들도 너무나 좋아했다. 부모가 쉰이 넘은 나이에 용기를 내어 함께 공부한다는 사실만으로도 우리 가족에게는 큰 기쁨이 되었다.

그러나 학원에서 자식 또래의 아이들과 함께 공부하는 것이 그리 쉽지만은 않았다. 8년 전 공인중개사를 공부할 때와는 사뭇 달랐다. 세월은 속일 수 없는 법이다. 기억력, 이해력, 체력의 한계를 여러 번 느꼈다. 사업장을 운영하면서 매일 학원을 오가고 수업을 듣고 공부를 한다는 것은 정말 어려운 일이었다. 처음에는 기쁜 마음으로 시작했는데 시간이 지날수록 학업 스트레스가 이만저만이 아니었다. 그래서 신경이 날카로워질 때가 많았다. 한번은 공부 시간에 떠들고 있던 아이를 수업 중에 달려가 심하게 혼낸 일도 있었다. 시험에 합격한다고 해서 누가 벼슬 주는 것도 아닌데 스트레스를 받아 가며 계속해야 하는지 하루에도 몇 번씩 그만두고 싶은 생각이 들었다.

하지만 그럴 때마다 함께 공부하는 아내가 포기하지 말라고 계속 격려해 주었다. 영모와 영신이도 열심히 공부하는 아버지 모습이 보기 좋다며 나서서 공부를 도와주었다. 특히 영신이는 나에게 개인 과외를 많이 해주었다. 영신이가 어렸을 때 잘해 주지 못한 게 많아 미안했는데 오히려 영신이는 아빠의 공부를 기쁘게 도와주었다. 이러한 가족의 도움으로 1999년 9월 드디어 대입 검정고시에 합격하였다. 1998년 9월에 검정고시를 시작한 후 만 1년 만에 중학교 과정과 고등학교 과정을 모두 마친 것이다.

우리나라에서 고등학교 졸업한 것이 뭐 대수겠냐마는 나와 아내에게는 정말 특별했다. 합격 통지서를 받고 무어라 표현할 수 없이 감사하고 마음이 벅찼다. 돌아가신 아버지가 생각나기도 했다. 길바닥에 버려졌던 그 '묵보'가 고등학교를 졸업했다고 큰소리치고 싶었다. 아마 아버지가 살아 계셨다면 놀라셨을 것이다. 6년 과정을 1년만에 통과했다고 말하면 기절하실지도 모른다. 그날 우리 가족은 고기 파티를 열어 축하하고 하나님께 감사 예배를 드렸다. 이 모든 사실들이 놀라울 뿐이다. 어느 날 나에게 찾아오신 주님이 쓰레기 같은 내 인생을 회복시키더니 다음에는 변화시키시고, 그리고 복에 복을 넘치도록 쏟아부어 주고 계셨다.

고등학교 과정을 당당히 마친 나에게 아이들은 내친김에 수능도 보라고 격려했다. 학원에서도 수능이 얼마 남지 않았으니 공부한 김에 수능까지 도전해 보라고 응원했다. 아내와 나는 주저 없이 수능을 신청했다. 고등학교를 졸업한 사람만이 볼 수 있는 수능을 우리가 볼 수 있다는 것 자체가 기쁘고 감사했다.

1999년 11월 이른 아침, 아이들의 격려를 받으며 수능 고사장으로 향했다. 당연히 시험장에서 내가 제일 나이가 많았다. 함께 시험 보는 학생들은 내가 자리에 앉아 시험을 준비하자 신기한 듯 쳐다보았는데, 아마 내가 감독관인 줄 알았던 것 같다. 오전 8시 40분부터 오후 5시까지 시험을 보았다. 수학은 거의 찍다시피 하고 영어도 몇 문제 풀지 못했다. 하지만 주력 과목인 국어와 사회 탐구에 공을 들여 시험을 보았다.

결과는 절반을 좀 넘는 수준의 점수를 받았다. 아내도 비슷한 수준이었다. 우리 부부는 반 이상 맞혔다는 것이 뿌듯하고 만족스러웠지만 어린 학생들과 경쟁하기에는 턱도 없이 낮은 점수였다. 당시 입학 제도 중에 만학도에게 가산점을 주는 제도가 있었다. 하지만 서울에 있는 학교는 쳐다도 볼 수 없는 점수였다. 입시 사정표를 꺼내 들고 이곳저곳 비교해 보았다. 94학번인 영모와 96학번인 영신이가 겪은 과정을 경험 삼아 점수표를 보며 나름대로 작전을 짰다.

우리는 특별히 선호하는 과나 학교가 있는 것은 아니었다. 아내의 경우 안경원을 하니까 안경광학과를 가면 좋겠다고 했고, 나의 경우에는 공인중개사니까 관련 학과에 가기를 희망했다. 대신 두 사람이 같은 학교에 다니기로 약속하였다. 우리는 먼저 수도권에 있는 학교에 지원했다. 하지만 아내는 떨어지고 나만 붙었다. 우리는 꼭 같은 대학에 다니기로 하였기 때문에 과감히 그 학교는 포기하였다. 결국 서울에서 멀리 떨어져 있는 김천대학을 알아보게 되었다. 우리는 함께 안경광학과에 원서를 내고 발표를 기다렸다. 하지만 1차 발표에서는 보기 좋게 낙방을 하였다. 비록 지방이고 전문대학이었지만 안경광학과는 인기가 좋은 과였기 때문에 합격선이 높았다. 하지만 다행히 예비 합격자 명단에 나와 아내의 이름이 있었기 때문에 기대하며 기다렸다. 며칠 지나지 않아 추가 합격 연락이 왔다. 점수가 조금 높았던 나에게 먼저 연락이 왔고 며칠 후 아내에게도 연락이 왔다. 아내도 합격했다는 소식에 얼마나 반가웠는지 우리는 곧바로 등록했다.

1년 사이에 많은 것이 변했다. 1년 만에 초등학교 졸업에서 대학

입학이라는 경이적인 기록을 세우며 우리 부부는 당당히 김천대학의 00학번 캠퍼스 커플이 된 것이다. 대학생이 되었다는 감격에 우리는 힘든 줄도 모르고 첫 학기를 다녔다. 당시 왕십리에서 경상북도 김천까지 통학을 했다. 일주일에 이틀 정도는 그곳에서 자고 나머지는 서울을 오가며 배움의 길을 걸었다. 지금 생각하면 그 먼 거리를 어떻게 다녔는지 모르겠다. 우리 부부의 열정과 열심에 주위 사람들도 놀라고 영모와 영신이도 놀랐다.

우리 부부는 학교에서 금세 명물이 되었다. 쉰 살이 넘은 부부가 그것도 캠퍼스 커플로 같은 과에 다니자 많은 학생들이 반쯤 신기한 듯 반쯤 부러운 듯 바라보았다. 나를 아는 많은 사람들도 비슷한 반응을 보였다. 그 나이에도 할 수 있다는 용기를 보여 주었다며 칭찬하고 격려해 주었다. 어떤 분들은 그동안 생각만 하고 실천에 옮기지 못했는데 우리 부부를 보니까 할 수 있다는 자신감을 얻었다며 자신도 도전해 보겠다고 하셨다.

오래전 TV 광고에 '나이는 숫자에 불과하다'는 카피가 등장한 적이 있다. 그 광고 카피가 우리에게 실제로 이루어졌다. 나이는 정말 숫자에 불과할 뿐, 모든 것은 마음먹기에 달려 있다. 잠언 4장 23절에 '모든 지킬 만한 것 중에 더욱 네 마음을 지키라 생명의 근원이 이에서 남이니라'라는 말씀이 있다. 늦었다고 생각하는 그때가 기회이다. 쉰이 넘은 사람이 1년 만에 고검, 대검, 수능을 할 수 있다면 불가능한 일이 무엇이겠는가? 하나님은 자신을 경외하는 자에게 지식과 지혜와 새 삶의 기회를 무한히 공급하신다. 하나님 안에 살면 매 순간이 기회이며 청춘일 수 있다.

첫 학기를 끝내고 그 다음 학기부터는 김천에서 방을 얻어 지냈다. 할머니 혼자 살고 있는 예쁜 한옥집에 아내와 나는 하숙생으로 들어 갔다. 이제 일주일에 단 한 번만 오가며 학교를 다녔다. 테크노마트 안경점은 막내 처남이 잘 운영해 주어 별 걱정 없이 학업에 전념할 수 있었다.

이 시절 하나님께서는 아내와 나에게 예전에 누리지 못했던 신혼의 단꿈을 회복시켜 주셨다. 결혼식도 변변치 않았고 신혼여행은 꿈도 꾸지 못했던 우리에게 결혼 25년 만에 신혼을 누리도록 해주셨다. 함께 하숙하며 학교에서 수업을 듣고 맛있는 음식도 사 먹었다. 학교에서 열리는 스포츠 댄스 강좌에도 등록하여 춤을 배우기도 했다. 감사하게도 김천대학은 미션스쿨이었기 때문에 각종 채플도 있어서 예배의 즐거움과 기쁨도 누릴 수 있었다.

하나님께서 주시는 축복은 참으로 세심하다. 경제적으로 안정되고 자식들이 잘 크고, 대학에 들어간 것만으로도 감사한데 우리가 누리지 못했던 신혼의 기쁨까지 챙겨 주시니 얼마나 좋은지 이루 말할 수가 없었다. 예전에는 하나님은 굵직굵직한 큰일들만 주관하신다고 생각한 적이 있었다. 대통령이 시골 동네 일까지 챙길 수는 없는 노릇 아닌가? 하지만 우리 하나님은 그러한 분이 아니다. 머리털까지 세시고 들풀과 하늘의 새까지도 관리하시는 세심한 하나님이시다. 한국 지도를 펼쳐 보았을 때 점으로도 찍을 수 없을 만큼 작은 나 같은 인생의 여가까지도 관심을 가지신다. 우리 하나님은 정말 짱이다!

봉사의 꿈을 키우다

안과학을 공부하면서 사람에게 눈이 얼마나 귀중한가를 새삼 깨달았다. '사람 몸이 천 냥이면 눈은 구백 냥이다'라는 말도 있듯이 눈은 그 어느 신체 부위보다도 중요하다. 눈을 통해 우리는 세상을 보고 사람들을 인식한다. 마태복음 6장 22절에도 '눈은 몸의 등불이니 그러므로 네 눈이 성하면 온몸이 밝을 것이요'라고 나온다. 나와 아내는 수업 시간을 통해 눈의 중요성에 대해 크게 실감했다. 그런데 안타까운 것은 시간이 지날수록 점점 더 사람들의 시력과 눈의 건강이 나빠진다는 사실이다. 첨단 기계가 개발되고 조명 시설이 좋아지는데도 우리 눈의 건강은 오히려 위협받고 있다. 각종 공해를 매일 접하고 어려서부터 눈을 강하게 자극하는 조명과 TV, 컴퓨터 등에 노출되면서 점점 안경에 의지해야 하는 사람들이 많이 생겨났다. 또한 오존층이 점차 파괴됨으로 자외선 지수가 높아지고 있어 우리나라에서도 여름에 야외에 나갈 때는 반드시 선글라스를 착용해야 하는 지경에 이르렀다. 예전에는 선글라스는 멋을 위한 사치품이었는데 지금은 눈을 보호하기 위한 필수품이 되고 있는 것이다. 어떻게 보면 안경점을 운영하는 사람으로서 반가운 소식일지도 모르지만 내 자식들과 손자들이 겪어야 한다고 생각하면 안타까운 일이 아닐 수 없다.

그러던 중 수업 시간에 아내의 귀를 솔깃하게 하는 내용이 있었다. 약시, 사시 등은 일곱 살 전에 검사해서 발견만 하면 쉽게 치료되어 평생을 건강한 눈으로 살아갈 수 있다는 것이다. 수업 후에 아내는 내게 진지하게 말했다.

"여보, 하나님께서 우리에게 안경원을 하게 하시고 또 늦은 나이에 공부하게 하신 이유가 있는 것 같아요."

"뭔데? 아까 수업 듣고 감동받았구나."

"우리, 학교 졸업하고 나면 부모 없는 아이들의 시력을 검사해 주고 안경도 맞추어 주는 일을 해요."

아내의 이야기는 사뭇 진지했다. 나도 하나님의 은혜가 너무나 감사하고 무언가 하나님께 감사를 표시하고 싶었던 터라 아내의 제안에 선뜻 대답했다.

"그래, 우리도 이제 우리 자신이 아니라 남을 위해 봉사하는 삶을 살아야 할 것 같아."

하나님께서는 우리 부부의 이 짧은 대화를 들으셨다. 그리고는 봉사를 할 수 있는 상황으로 우리를 직접 인도하셨다.

우리 안경광학과에는 지택상 교수님이라는 분이 계시는데, 나와 동갑내기이면서 나처럼 안수집사이시다. 비록 스승과 제자 관계였지만 우리는 서울과 김천을 함께 오가며 많은 이야기를 나누었다. 하루는 교수님께 아내와 나누었던 이야기를 말씀드렸다.

"아내랑 나랑 졸업하면 안경 봉사를 하고 싶어요."

지 교수님은 좋은 생각이라며 그렇게만 되면 자신도 돕겠다고 하셨다. 이야기가 이렇게 끝을 맺는 줄 알았는데 일이 조금씩 구체화되기 시작했다. 어느 날 교수님이 우리 부부에게 학교에 멋진 자동차가 하나 왔으니 구경 오라는 연락을 했다. 우리는 교수님의 말씀을 듣고 학교에 가보았다. 건물 앞에 사람들이 모여 있었고 그곳에는 흔히 볼 수 있는 12인승 승합차가 있었다. 교수님은 우리 부부를 보시고는 반갑게 인사하며 말씀하셨다.

"박 선생님, 이 차는 일본에서 만든 봉고차 안경원이랍니다."

차 안을 유심히 살펴보았다. 좁은 차 안에 말 그대로 완벽한 안경원 시설이 갖추어져 있었다. 차 내부를 보자마자 '바로 이것이다'라는 생각이 들었다. 교수님도 이 정도 시설이면 여러 지역에 봉사를 하러 다니기에 충분하다고 했다.

우리 부부는 직접 봉고차 안경원을 보자 본격적으로 안경 봉사를 준비해야겠다는 마음이 들었다. 그저 느낀 대로 이야기를 나누었을 뿐인데 우리 마음에는 이미 봉사의 씨앗이 자라고 있었다.

봉고차 안경원을 본 이후에 '움직이는 안경원' 생각이 머리에서 떠나질 않았다. 아직 봉사를 시작한 것도 아닌데 물건은 어떻게 구비하면 좋을까, 기계는 어떤 것으로 설치하면 좋을까 하며 즐거운 고민에 빠졌다.

졸업 전 마지막 겨울방학 때 가족 기도회를 가졌다. 우리 부부는 기도회를 마치고 아이들에게 중대 발표를 했다. 졸업하면 이동하는 안경원을 만들어 무료로 안경을 맞추어 주는 봉사를 하며 살겠다고 선포했다. 영모와 영신이도 대환영이었다. 그게 가능하냐며 반문도 했지만, 아이들은 1년 만에 중·고등학교를 졸업하고 김천대학까지 통학한 열정이라면 충분히 가능할 거라며 격려해 주었다. 우리 집 기도 제목은 그날부터 안경 선교가 되었다.

자자손손 복을 받는
자녀 양육의 비법

목회자를 꿈꾸는 아들 영모

영모를 생각하면 언제나 든든하다. 아내와 결혼한 이듬해인 1976
년도에 태어난 영모는 어려서부터 똘똘하고 씩씩하여 주위의 귀여
움과 사랑을 많이 받았다. 특히 첫아들이었기 때문에 나는 영모에
대한 애착이 많았다. 힘들고 괴롭고 죽고 싶은 마음이 들 때마다 어
린 영모의 얼굴을 떠올리며 살아야겠다는 생각을 하곤 했다. 하지만
그때는 아버지 역할이 무엇인지, 자식을 교육하고 사랑한다는 것이
무엇인지 잘 알지 못했다. 경제적으로 매우 힘든 시절이었기 때문에
가정교육은 생각도 못했다. 비록 결혼을 해서 가정을 꾸리고 아이를
낳은 어른이었지만, 아직도 내면은 아버지를 잃고 혼자 남겨진 초등
학교 5학년 시절에 머물러 있었기 때문에 아이가 아이를 낳아 기르

는 꼴이었다. 만약 누가 자녀 양육을 어떻게 했냐고 묻는다면 '먹이기만 했다'라고 표현하는 것이 맞을 것이다.

지금에야 깨닫는 것이지만 아이들이 어렸을 때 아버지로서 보여주지 말아야 할 것을 많이 보여 주었다. 욕하며 아내와 다투는 모습, 화투하고 술 먹는 모습, 심지어는 동네 사람과 치고받고 싸우는 모습까지……. 아이들의 마음은 하얀 도화지와 같다고 하는데 나는 그 하얀 도화지에 시꺼먼 재만 뿌렸던 것이다.

그래도 아이들에게 손찌검을 하거나 행패를 부리지는 않았다. 많이 표현하지는 못했지만 아이들을 생명보다 더 사랑하고 있었다. 다만 사랑의 방법을 몰랐다. 사랑받아 본 경험이 없었기에 사랑이란 단어는 내 삶에 죽어 있는 문자로만 존재했다.

그럼에도 불구하고 아이들이 바르고 든든하게 장성한 것은 내 인생의 또 다른 기적이다. 그 기적을 만드신 분은 하나님이시고 기적의 도구는 아내였다. 아내는 영모와 영신이가 어렸을 때부터 말씀을 암송시키고 교회 생활에 충실하도록 교육하였다. 내가 일하고 집에 돌아올 때면 아이들이 아내의 재봉틀 옆에서 주기도문을 외우거나 말씀을 암송하는 모습을 자주 볼 수 있었다. 아이들도 교회 생활을 매우 즐거워했다. 교회에 가면 간식도 주고 재미있는 프로그램이 많았기 때문에 열심을 내었다. 여름 성경 학교가 있는 기간에는 제 힘으로 새벽 6시에 일어나 교회에 가곤 했다. 또 성경 퀴즈 대회, 성경 암송 대회, 찬양 대회에 나가 크고 작은 상을 받아 오며 신실하게 커갔다.

당시 나는 교회에 가지는 않았지만, 아이들이 교회 가는 것을 막지는 않았다. 아니 오히려 아이들이 말씀을 암송하고 찬송하는 모습이 좋아 보였다.

이렇게 어려서부터 교회 중심, 말씀 중심으로 살았기 때문에 빗나갈 수 있는 환경에도 불구하고 아이들은 바르게 자랐다. 부끄러운 이야기지만, 영모와 영신이가 성인이 된 후 내게 이런 이야기를 한 적이 있다. 아빠가 집에 와서 술 먹고 소리치며 엄마와 싸울 때 이불을 뒤집어쓰고 울면서 이렇게 기도했다고 한다.

"하나님, 아빠가 술 먹지 않게 해주세요. 엄마 아빠 싸우지 않게 해주세요. 하나님 도와주세요. 하나님 말씀 잘 들을게요."

온전하지 못한 아빠의 행동에 많은 상처를 받고 삐뚤어질 수 있었을 텐데, 하나님은 아이들의 마음을 붙잡아 주시고 하나님을 더욱 의지하도록 하셨다.

특히 영모는 어렸을 때 가정이 불화한 탓이었는지 오랫동안 오줌을 가리지 못하고 손가락을 빠는 등 불안한 모습들을 보였다. 또한 키가 작아서 자신감도 없었다. 하지만 믿음이 커갈수록 영모는 놀랍게 달라졌다. 영모는 초등학교 5학년 때 사립학교인 한양초등학교에서 월계동의 한천초등학교로 전학을 했다. 그리고 원래 다니던 웅봉동의 천성교회가 멀어 월계동 미성아파트 상가에 있는 대광교회로 옮겼다. 영모는 학교와 교회에 성공적으로 적응하였다. 무엇보다 대광교회에서 믿음이 많이 자랐다. 학교를 오갈 때마다 상가 2층에 있던 교회에 들러 기도하며 등하교를 하고 스스로 새벽 기도도 나갔다. 영모는 가장 예민한 사춘기 때인 중학교 3학년 여름 수련회 때 예수님을 인격적으로 만났다. 수련회 저녁 집회 중에 성령께서 영모의 마음을 만져 주셨다. 어린 중학교 3학년짜리가 죄를 지었으면 얼마나 지었다고, 밤새도록 회개하며 통곡했다고 한다. 이런 영적인 체험 후 불안한 증상들도 사라졌고 자신감도 찾아 갔다. 영모의 삶에 힘이 넘쳐 났다.

중3 이후 학교에서 반장을 맡아 리더십을 키우면서 성적도 올랐다. 중고등부 시절에는 교회 학생 회장도 하고 전도 활동도 열심히 했다. 가장 힘들다는 고3 때에도 성경 통독을 하고 금식 기도를 하는 모습도 볼 수 있었다. 영적으로 강건해지자 학교생활도 잘했다.

우리 집은 과외를 시킬 형편이 안 되었기 때문에 아이들도 애당초 과외를 하겠다는 말을 꺼내 본 적이 없다. 다만 필요할 때마다 단과학원에 다니는 것이 전부였다. 하지만 하나님께서 영모에게 지혜를 많이 주셨다. 고등학교에서는 학년이 올라갈수록 성적도 올랐다. 고3 때 담임 선생님은 내신 2등급을 목표로 하라고 상담해 주셨다. 하지만 고등학교를 졸업할 때 내신 1등급을 받았다. 또한 고3이 되었을 때만 하더라도 선생님은 영모에게 서울의 중위권 대학을 목표로 하라고 하셨는데 영모는 당당히 연세대학교 정치외교학과에 합격하였다.

아직도 영모가 대학에 합격한 날을 잊을 수가 없다. 아내도 그렇고 나도 그렇고 우리 가문에는 변변한 대학을 나온 사람이 없었다. 그래서 영모가 연세대학교에 합격했다는 소식을 듣자 가족 모두 환호성을 질렀다. 이후 주위 친척과 친구들에게 얼마나 자랑을 했던지…….

이 모든 것이 정말 하나님의 은혜이다. 내가 생각해도 우리 아이들은 살얼음과 같은 가정 환경에서 자라났다. 한 발만 잘못 내딛어도 깊은 얼음물 속으로 빠져 들어갈 수 있는 환경이었다. 난폭한 아버지와 어려운 살림을 핑계로 나쁜 길을 걸어갈 수도 있었다. 하지만 그때마다 아이들의 마음속에 계신 성령께서 아이들의 발걸음을 인도해 주셨다. 아내가 어려운 환경 속에서도 쉬지 않고 가르쳤던 하나님의 말씀이 아이들의 걸음을 의의 길, 평탄한 길로 들어서게 했다.

나중에 알게 된 이야기지만 영모는 아버지가 미워서 때로는 아버지가 없었으면 하는 상상도 했다고 한다. 그리고 비록 반나절에 그쳤지만 집을 나간 적도 있다고 한다. 그러나 그때마다 하나님의 말씀이 자신을 붙들었고, 울면서 하나님 앞에 나가 기도했다고 한다.

이 율법책을 네 입에서 떠나지 말게 하며 주야로 그것을 묵상하여 그 안에 기록된 대로 다 지켜 행하라 그리하면 네 길이 평탄하게 될 것이며 네가 형통하리라

✿ 여호수아 1:8

세상일이 다 어렵지만 자식 교육이 제일 어렵다고들 한다. 자식만큼 자기 마음대로 안 되는 일도 없을 것이다. 아마 자식 키우는 부모라면 누구라도 인정할 것이다. 용돈을 많이 주고 학원을 많이 보낸다고 자식이 잘 자라는 것이 아니다. 또한 성적이 좋다고 다 안심할 수 있는 것도 아니다. 우리 사회에 빛과 소금의 역할을 감당하는 사명자가 되고 바른 인격을 가진 사람으로 자라게 하는 것은 사람의 힘이 아님을 나도 절실히 체험했다.

링컨의 어머니가 임종 전에 링컨에게 주었던 성경책이 링컨을 미국에서 제일 위대한 대통령으로 만들었던 것처럼, 자녀들을 주의 말씀으로 가르치고 교육하는 것이 최고의 교육임을 확신한다.

영모는 94학번으로 대학에 들어가서 대학 문화에 빠져 잠시 방황한 적이 있다. 그러나 1996년에 공익 근무 요원으로 군에 입대하면서 다시 믿음을 회복하더니 3년 뒤 복학할 때는 캠퍼스 복음화를 꿈꾸는 청년이 되었다. 주위 친구들을 전도하기 시작하더니 급기야 한 학기를 휴학하고 전도 활동에 전념한 적도 있다. 자식 잘되기를 바라는 부모로서 취업 준비나 진학 준비는 하지 않고 전도한다고 캠퍼스를 돌아다니니 마음이 조금 불편하기도 했지만, 열정을 가지고 진심으로 복음을 전하는 모습에 감동이 되었다.

나는 영모가 법관이 되었으면 하는 바람이 있었다. 그래서 이름도 길 영(永)자에 법 모(模)자를 써서 법을 널리 펼친다는 뜻의 '영모'라고 지은 것이다. 우리 때만 하더라도 사법고시에 합격하는 것이 출세하는 길이었고 가문을 일으키는 통로였기 때문에 영모가 고시 준비를 하기를 바랐다. 하지만 예수님이 우리 가정의 주인이 된 후 생각이 바뀌었다. 영모가 단지 사회적 법을 구현하는 것을 넘어서서 하나님의 법을 세상에 널리 전파하면 좋겠다는 소망이 생겼다. 영모는 그런 나의 기대에 부응이라도 하듯 캠퍼스 선교에 더욱 열심을 냈다. 영모는 은사이신 김정주 교수님께 영적으로 양육을 받으면서 연세대학교 제자훈련모임을 섬기더니 2001년 졸업하고 나서도 계속 캠퍼스 사역을 하겠다며 정치학 대학원에 진학했다. 영모는 정치학 대학원에서도 캠퍼스 전도와 양육에 헌신했다. 계속해서 제자훈련모임을 섬기고 정치학 대학원에 기도 모임까지 만들어 기도 운동을 전개했다. 거의 매일 전도하고 훈련하는 등 전임 사역자 못지않게 헌신했다. 그런 영모를 보면서 영모가 하나님의 열정으로 영혼을 사랑하는 목회자가 되면 좋겠다는 마음이 들었다. 이심전심이라고 영모에게 꿈이 무엇이냐고 물으면 꼭 선교라고 대답했다.

세상 사람들의 눈에는 이렇게 소중한 청년의 때를 영모처럼 보내면 자기 관리에 소홀한 것처럼 비칠 수도 있을 것이다. 하지만 하나님께서 영모에게 지혜를 주시고 앞길을 열어 주셨다. 바쁜 생활 속에서도 대학원 시절 내내 장학금을 받게 하셨고 대학원에서 조교도 할 수 있도록 인도하셨다. 대학원을 마칠 때는 한 과목만 A^0를 받고 전 과목 A^+를 기록하였다. 그리고 무엇보다 영모의 인생에서 중요한 만남들이 이 시기에 맺어졌다. 평생의 은사님인 김정주 교수님, 이신행 교수님을 비롯한 많은 믿음의 동역자들을 만났다.

또 이 시기에 영모는 배우자를 만났다. 영모는 함께 제자훈련모임을 섬기던 혜령이와 2003년에 결혼했다. 며느리가 된 혜령이는 당시 연세대학교 상담대학원에 다니고 있었고 영모보다 두 살 적은 26살이었다.

혜령이는 믿음의 가정에서 자라 대학에서는 영문학을, 대학원에서는 상담학을 전공한 일등 신붓감이었다. 참한 외모에 마음씨도 고와서 처음 보자마자 마음에 들었다. 특히 사돈 어르신들의 인격과 믿음이 좋아서 매우 감사하고 든든했다.

영모의 삶을 보면, '너희는 먼저 그의 나라와 그의 의를 구하라 그리하면 이 모든 것을 너희에게 더하시리라'(마태복음 6:33)라는 하나님의 약속이 얼마나 신실한지 깨달을 수 있다. 물론 때마다 크고 작은 어려움이 있었지만 하나님께서는 자신을 경외하는 자들이 수치를 당하지 않게 하시며 반드시 복에 복을 더해 주시는 분임을 영모의 삶이 증거하고 있다.

영모가 결혼하던 2003년 4월 29일은 나와 아내에게 매우 특별한 날이었다. 30여 년 전 직업도 없고, 싸움질만 하던 술꾼과 악바리 여자가 전라남도 장흥 시골에서 난동과 조롱 속에서 결혼했다. 당시 술꾼들의 고성이 동네에 울려 퍼졌고 결혼식을 올리는 사람도 바라보는 사람도 혀를 찼던, 축복과는 거리가 먼 참담한 결혼식이었다.

그러나 그렇게 시작된 가정에서 자라난 아들이 30여 년 후 많은 사람의 축복 속에 결혼을 했다. 식장 가득 찬송 소리가 울려 퍼졌고 결혼하는 당사자나 바라보는 사람 모두가 하나님 안에서 복된 만남임을 확신하였다. 바뀐 것은 단지 시간과 사람만이 아니었다. 모든 것이 바뀌었고 새로워졌다. 상처와 갈등으로 얼룩졌던 가정이 사랑과 화평의 가정으로 바뀌는 순간이었다. 아내도 아들을 며느리에게 보낸다는 아쉬움이 조금도 없었다. 오히려 사랑하는 딸을 얻은 기쁨이 우리 가정에 충만했다.

한 가정의 가장이 된 영모는 자신의 미래에 대해 더욱 진지하게 고민하였다. 아내와 상의하고 은사님들과 상의하더니 신학을 공부하기로 결심했다. 후에 영모는 자신의 결정에 대해서 이런 말을 했다.

"제가 신학을 결정하게 된 중요한 동기 중 하나가 아버지의 격려

였어요. 진로를 위해 고민하던 저에게 어느 날 아버지께서 지나는 말로 이렇게 말씀하셨지요. '영모야, 인생을 살아 보니 별거 없더구나. 너도 알다시피 나는 험하게 살아왔단다. 이제야 조금 사람 구실하며 살 수 있게 되었다. 나는 내 자식이 돈 몇 푼 때문에 아옹다옹하며 살게 하고 싶지 않구나.'"

나도 잘 기억나지 않는 이 말이 아들을 목회자의 길로 가도록 하는 데 결정적인 계기가 되었다니 마음이 뿌듯하다. 영모는 2005년 총신대학교 신학대학원(M.Div)에 진학하여 2008년 전체 수석으로 졸업했다. 지금은 초등학교 5학년 때부터 다녔던 대광교회에서 전도사로 섬기고 있으며, 2009년 10월에는 목사 안수를 받는다. 앞으로 통일 한국을 위한 비전을 가지고 열심히 사역하고 있다. 또한 예한이, 예성이 두 아들을 낳아 믿음의 가정을 이루고 있다.

최근 아들이 아내에게 한 비밀 이야기를 아내가 내게 고자질(?)했다. 아버지가 언제부터인가 '고맙다', '미안하다'라는 말을 한다며 참 많이 변했다고 했단다. 그러면서 농담 반 진담 반으로 예수님은 우리 아버지 같은 분도 변화시킨다며 웃었다고 한다.

그동안 내가 자식들에게 그 하찮은 '고맙다', '미안하다'라는 말도 못하고 살았다니, 참으로 한심한 생각이 들었다. 가장 가깝고 가장 사랑해야 할 가족들 사이에 '사랑한다', '미안하다', '고맙다'는 말도 못하는 인생이었다. 하지만 이제는 마음의 여유가 생긴 것이 분명하다. 무엇인가 줄 수 있게 된 것이 분명하다. '고맙다', '미안하다'라는 말을 쓸 수 있는 것은 내 속의 텅 빈 자리가 채워졌다는 증거이다. 주님이 내 마음을 치유하고 만지고 계시다는 증거다.

선교사를 준비하는 딸 영신이

사랑하는 딸 영신이를 생각하면 눈가에 이슬이 맺힌다. 딸을 많이 사랑해 주지 못한 미안함 때문이고, 그럼에도 불구하고 예쁘고 아름답게 키워 주신 하나님의 은혜에 감사해서이다.

영신이는 영모와 연년생으로 1977년에 태어났다. 당시 아내와 나는 사이가 별로 좋지 않아서 영신이에게 관심과 사랑을 제대로 보여주지 못했다. 또 둘째다 보니 첫째만 한 관심이 없었다. 보통 아버지들은 딸을 보석처럼, 유리잔처럼 곱게 대하는데 나는 그렇지 못했다. 내 성질대로 대할 때가 많았다. 물론 영신이는 생명보다 소중한 딸이었지만 나는 사랑을 표현할 줄 몰랐다.

1977년도 천호동에서 아내는 수선집을 하고 나는 화물차를 운전할 때였다. 그때 영신이는 태어난 지 5~6개월 된 아기였다. 수선집 옆에 월세방을 얻어 생활했는데 하루는 아내가 영신이를 재워 놓고 가게에 나갔다. 한참 뒤에 집에 돌아와 보니 누워 자고 있는 아이 위에 커다란 이불이 덮여 있었다. 아이가 뒤척거리다가 머리맡에 포개놓은 이불을 건드려 이불이 영신이 위로 쏟아져 내린 것이었다. 아내는 재빨리 이불을 걷어 내고는 영신이를 살펴보았다. 영신이의 얼굴은 새하얗게 된 채 거의 숨을 쉬지 않았다고 한다. 놀란 아내는 당황하여 아기를 들고 엉덩이를 때리고 가슴 마사지를 했다. 몇 분을 그렇게 하니 아기가 "휴!" 하며 숨을 내쉬었고, 점차 혈색이 돌아오며 안정을 찾았다. 아내는 놀란 가슴을 쓸어내리고 아이를 살려 주신 하나님께 감사 기도를 드리면서 그동안 영신이를 잘 돌보지 못한 것을 회개했다. 나중에 집에 돌아온 나는 이 이야기를 듣고 아내를 심하게 나무라기만 했었는데 다시 생각해 보니 정말 아찔한 일이었다. 영신이를 살려 주신 하나님께 거듭 감사드린다.

영신이는 어렸을 때부터 적극적이었다. 오빠에게 지지 않으려고 그랬는지 경쟁심도 많았다. 그러다 보니 먹는 것, 말하는 것, 운동하는 것까지 모두 빨리 터득했다. 길을 지나다가 누군가 맛있는 걸 먹고 있으면 줄 때까지 침을 흘리며 계속 쳐다보곤 했다. 또 웬만한 남자아이들과 싸워도 지지 않을 만큼 힘도 세었다. 키도 초등학교 3학년부터는 오빠보다 커서 어딜 가든 누나라는 소리를 들었다. 그야말로 여장부였다. 내가 사우디아라비아에 갔을 때, 다른 아이의 먹는 모습을 쳐다보고 있을 영신이를 상상하고는 영신이에게 먹을 것 좀 많이 주라고 아내에게 편지했던 일도 떠오른다.

영신이는 오빠와 마찬가지로 초등학교도 들어가기 전부터 교회 생활에 열심이었다. 특히 찬양을 좋아했다. 아내는 빠듯한 살림에도 피아노를 배우게 했기 때문에 교회에서 성가대 반주자와 중창단 반주자로 오랫동안 봉사를 했고, 대학에 들어가고 나서는 주일학교 성가대 지휘자도 했다. 내가 하나님의 은혜를 체험한 후 영신이가 교회에서 반주하거나 지휘하는 모습을 볼 때면 얼마나 예쁘고 자랑스러웠는지 모른다. 영신이는 참 정이 많고 섬기는 은사가 있다. 일찍부터 일을 하는 엄마를 도와 집안의 굳은일도 마다하지 않고 해냈다. 엄마가 바쁠 때면 가족의 식사를 챙겨 주기도 하고 설거지까지 했다. 다른 사람을 챙겨 주고 섬기는 데 남다른 세심함이 있었던 것 같다.

우리가 월계동으로 이사 간 후에도 영신이는 오빠처럼 교회를 옮

가지 않고 원래 다니던 천성교회를 다녔다. 아내가 교회 갈 때 어린 영신이를 데리고 다니던 것이 계속 천성교회를 다니게 된 계기가 되었다.

영신이는 신앙생활을 나름대로 열심히 했지만 고등학교 시절 혹독한 사춘기를 겪었다. 우리 부부는 영신이에게 어렸을 때 많은 관심을 기울이지 못한 것이 미안해서 사랑이라는 이름으로 영신이의 생활에 많은 부분을 간섭했다. 영모에게는 그렇지 않았지만 유독 영신이에게는 이래라저래라 잔소리를 많이 했다. 이런 관심은 오히려 역효과를 냈다. 항상 공부를 잘하는 오빠와 비교하고 사사건건 간섭하는 부모 때문에 영신이는 많이 힘들어 했다.

영신이가 고등학교 2학년 때쯤이었다. 내가 일을 마치고 집에 와 보니 머리를 짧게 깎은 못 보던 사내아이가 있는 것이다. 자세히 보니 영신이었다. 여자아이가 그것도 고등학교 2학년 때 머리를 스포츠 스타일로 밀었으니 그 모습은 상상을 초월했다. 가슴이 철렁 내려앉은 나는 이때도 영신이에게 상처를 주었다. 무조건 아이의 잘못이라고만 생각했다. 아이의 돌출 행동을 이해해 줄 만큼의 여유가 없었다.

이러한 영신이의 모습을 보면서 나의 기도 제목이 바뀌었다. 예전에는 오빠처럼 공부 잘하는 아이가 되도록 기도했는데, 신앙과 인격을 위해서 기도하게 되었다. 참으로 부모의 마음이란 교만하고 간사하다. 아이가 건강할 때는 건강이 얼마나 감사한지 모른다. 아이가 신앙생활을 열심히 할 때는 그것이 얼마나 감사한지 모른다. 그러다가 갈등과 어려움이 생기니까 공부보다 더 중요한 것이 있다는 것을 깨닫게 된다. 건강, 신앙, 인격이 그 무엇보다 중요하다는 것을 말이다.

결국 영신이는 지방에 있는 대학에 진학하였다. 요즘 같은 세상에 다 큰 딸을 지방으로 보낸 것이 걱정되어 나는 딸을 보러 자주 내려갔다. 하지만 1년 내내 함께 있을 수 없는 노릇이었다. 나도 모르게 하나님 앞에 간절함이 생겼다.

"하나님, 영신이를 지켜 주세요. 영신이를 돌보시고 보호하시는 분은 하나님이심을 고백합니다. 그동안 제 자식을 제 것처럼 생각하고 제 마음대로 하려고 했던 것을 용서해 주세요."

새벽마다 영신이의 평안과 회복을 위해서 기도했다. 하지만 그런 나의 기도에도 불구하고 영신이는 좀처럼 변하지 않는 것 같았다. 영신이는 학교의 운동권 동아리에 들어가 데모를 하러 다녔다. 심지어 지방에서 서울까지 원정 데모를 하러 올라오기도 했다. 내가 할 수 있는 일은 기도밖에 없었다. 이 시기에 하나님은 자녀 문제에 있어서 우리 부부를 매우 겸손하게 하셨다. 연세대에 들어간 똑똑한 아들은 매일 술 먹고 노는 데 정신이 팔려 있었고, 귀한 딸은 지방에 내려가 데모를 했다. 주위 사람들에게는 아무렇지도 않은 것처럼 말하고 여전히 애들 자랑을 했지만 속으로는 두 자녀 걱정이 이만저만이 아니었다.

새벽에 일어나 영모와 영신이를 위해 기도했다. 우리의 교만함을 회개하고 아이들의 인생을 하나님 앞에 올려드렸다. 사람의 마음을 움직이시고 변화시키시는 분이 하나님이심을 고백하며 의지했다.

이렇게 몇 달을 기도하자 마음속에 말할 수 없는 평안이 찾아왔다. 아내도 이제는 걱정이 되지 않는다고 고백했다. 우리보다 하나님께서 더 많이 영모와 영신이를 사랑하고 계신다는 확신이 들었다.

그 후 영신이에게 중요한 사건이 일어났다. 1996년 8월 연세대에서 소위 한총련 사태라고 하는 대규모 시위가 일어났다. 데모하는 학생들이 학교를 점거하고 경찰과 극심한 대치 상황에 들어갔다. 화염병과 벽돌 등 폭력이 난무했다. 이때 영모는 공익 근무 요원 복무를 위해 훈련소에 입대해 있었기 때문에 캠퍼스에 있지 않았다. 하지만 영신이는 친구들과 함께 연세대에 원정 데모를 하러 왔다.

경찰이 연세대학교를 포위하고 있는 상황에서 영신이는 그 포위망을 뚫고 연세대 안으로 들어가려고 했다. 하지만 경찰의 불심 검문을 당해 현장에서 체포되었다. 당시 상황이 매우 좋지 않았기 때문에 경찰은 강경 대응을 했다. 학교에 출입하는 모든 사람을 검문했고, 특히 연대생이 아닌데도 교내로 들어가려는 사람은 수상하게 여겨 연행해 갔다.

나는 경찰서에 영신이가 있다는 전화를 받고 눈앞이 캄캄해졌다. 과거 서울역에서 주먹질을 하며 구치소를 내 집 드나들 듯이 들락거린 경험이 있기에 가슴이 울컥했다. 하지만 그런 기분도 잠시였고, 어디서부터인가 말할 수 없는 평안이 마음에 밀려왔다. 하나님께서 개입하고 계시다는 확신이 들었다. 그동안 새벽을 깨워 기도했던 나의 기도가 어떤 식으로든 응답되었다는 믿음이 생겼다.

아니나 다를까 영신이는 금세 경찰서에서 풀려났다. 실제 데모를 하다 잡힌 것도 아니고 단지 학교 안에 들어가려다가 잡힌 것이기에 사건이 경미해 아무 문제없이 경찰서에서 나올 수 있었다. 그런데 영신이에게는 이 사소한 사건이 마음에 큰 울림이 되었다. 연일 신문에서는 대학생들의 과격 시위에 대해서 비판하는 글들이 실렸고, 친구들이 경찰서에 잡혀가고 가족들이 고통스러워하는 것을 보자 자기 스스로를 돌아보며 회의하게 되었다.

그 후 영신이는 놀랍게 달라졌다. 신앙을 회복하기 시작했다. 하나님 앞에서 다시금 자기 인생을 회복하고 싶다고 했다. 그러더니 다음 학기 복학을 하지 않고 편입 시험을 준비했다. 그리고 이듬해 단국대학교에 편입하여 새로운 대학 생활을 시작했다.

열 길 물속은 알아도 한 길 사람 속은 알 수 없다. 산을 옮길 수는 있어도 사람의 마음을 변화시키는 일은 노력으로 되는 것이 아니다. 특히 자식의 변화는 부모의 마음대로 되는 일이 아니다. 영신이 인생의 놀라운 반전을 생각할 때마다 하나님의 살아 계심을 느낀다. 우리를 만드신 창조주만이 우리를 온전히 변화시키실 수 있다는 진리를 확신한다. 자식을 내가 어떻게 해보려고 했을 때는 오히려 관계가 악화되기만 했다. 하지만 겸손히 하나님의 주권을 인정하고 맡겨 드렸더니 하나님께서 직접 자녀의 마음을 만져 주셨다. 영신이를 인도하신 주님을 찬양한다.

단국대에 들어간 영신이는 다음해 1년 6개월을 휴학하고 하와이 코나에 있는 국제 YWAM의 열방대학에 들어가 훈련을 받았다. 이곳에서 영적으로 충만한 시간을 갖고 세계 곳곳을 돌아다니며 봉사와 선교 활동을 했다. 그리고 선교사로서 살아야겠다는 소명을 받았다.

영신이는 대학을 졸업하고 2005년에 이달성이라는 청년을 만나 결혼했다. 나의 사위 달성 군은 귀한 믿음의 가정에서 성장한 청년으로 장신대학교 신학대학원을 졸업하고 선교사의 소명을 받았다. 지금 두 사람은 모두 선교사를 꿈꾸며 미래를 준비하고 있다. 2007년에는 예쁜 딸 하나를 낳아 믿음으로 잘 양육하고 있고, 2009년 9월에는 사위가 미국 풀러신학교 선교대학원에 진학하여 선교학을 배우게 된다.

영신이의 가정에 선한 일을 시작하신 하나님께서 영신이의 가정을 귀한 선교의 도구로 크게 사용하시리라 확신한다. 세계 선교의 소명을 받아 멋지게 선교의 일을 감당할 영신이의 가정을 생각할 때마다 하나님 앞에 감사하고 또 감사하다.

얼마 전 손양원 목사님의 아홉 가지 감사에 대한 기도문을 읽은 적이 있다. 손양원 목사님은 두 아들 동인, 동신이가 공산당에 의해 순교했다는 소식을 들은 후에 이 아홉 가지 감사의 고백을 했다고 한다. 그중에 다음과 같은 기도가 등장한다.

"우리 가문에 순교자를 하나도 아닌 둘이나 허락하심을 감사합니다."
정말 대단한 믿음의 고백이다.

손양원 목사님과는 비교할 수 없지만 나와 같은 인생에 아들과 사위, 두 명의 목회자를 주신 하나님께 감사와 찬양을 올린다. 하나님이 우리 가정을 구원하지 않으셨다면 지금도 가족들이 모여 돈 이야기에 썩어질 것들을 자랑하며 살았을 것이다. 술을 나누며 여행 계획에 시간을 보냈을 것이다. 하지만 주께서 우리 가정을 변화시켜 주시고, 온 가족이 주님의 나라를 위해 살게 하셨다.

우리는 모일 때마다 함께 예배를 드린다. 크고 작은 문제가 생길 때마다 기도 제목을 나누며 서로 기도한다. 물론 갈등할 때도 있고 간혹 어려움도 있지만, 우리 가정의 주인이 예수님이시기 때문에 예수님 안에서 갈등과 문제가 해결된다.

더욱 감사한 것은 이 믿음의 유산이 자연스럽게 나의 손자들에게도 이어진다는 것이다. 영모는 두 아들 예한이와 예성이를 낳았다. 예한이는 '세례요한'의 '례'와 '한'을 합쳐서 례(예)한이라 지었고 예성이는 '새 예루살렘 성'의 '예'와 '성'을 합쳐서 예성이라 지었다. 예한이는 세례요한처럼 예수님이 다시 오실 날을 예비하라는 뜻이고, 예성이는 예수님이 다시 오실 때 새 예루살렘 성을 준비하라는 뜻이다. 영신이의 딸 '한나'는 구약에 나오는 한나와 같이 기도의 사람이 되라는 뜻이다.

손자들을 볼 때마다 얼마나 감사한지 모른다. 예수님이 나에게 찾아오셔서 우리 가문의 죄의 사슬을 끊으셨다. 그리고 나와 아내를 통해 믿음의 터전이 세워졌다. 이제 영모와 영신이가 믿음의 기둥을 세우면 나의 손자들은 아름다운 믿음의 집을 세상에 지을 것이다. 물이 바다를 덮음같이 여호와의 영광을 인정하는 것이 온 세상에 충만케 되는 일을 담당할 것이다.

출애굽기 말씀처럼 여호와를 경외하고 여호와의 말씀에 순종하면 그 자자손손이 천대까지 복을 받는다. 믿음의 가정을 꾸리고 살아보니까 이 말씀은 진리임을 확인하게 되었다. 어떤 사람이든지 믿음을 가지고 하나님 말씀대로 살아가면 그 가정은 화목할 수밖에 없다. 그리고 그런 화목한 가정에서 믿음의 본을 보고 자란 자녀들은 몸과 마음이 건강하게 된다. 그러면서 그들이 성장해 더 아름다운 가정을 꾸리고 또다시 믿음의 유산을 자녀들에게 물려주며 살게 된다. 크고 작은 위기들이 있겠지만 가정의 주인되신 주님이 지켜 주심으로 평안하고 안전할 것이다.

얼마 전 영모가 한국 기독교 유적지를 답사하고 와서 해준 이야기가 있다. 한국에 들어온 선교사님들의 자손을 보니까 하나같이 다 잘되었다는 것이다. 영적인 축복뿐만 아니라 경제적인 축복을 누린다는 것이다. 물론 우리가 세상에서 잘되려고 신앙생활을 하는 것만은 아니다. 하지만 하나님을 경외하는 자의 자손은 반드시 축복 받는다는 사실을 잊어서는 안 될 것이다.

이제 누군가 나에게 자녀를 잘 양육하는 최고의 비법을 묻는다면 주저 없이 이렇게 대답할 것이다.

"하나님을 경외하고 하나님의 말씀을 가르치세요!"

여호와를 경외하는 것이 지혜의 근본이요 거룩하신 자를 아는 것이 명철이니라

❀ 잠언 9:10

무엇을 위해
'안경 선교'를 하느냐?

안경 선교를 시작하기 위해

2002년 나와 아내는 김천대학을 졸업했다. 우리는 행당동에서 휘경동으로 이사하면서 아파트 상가를 분양받아 부동산 사무실도 개업했다. 그동안 학교를 다니면서 사업장을 잘 돌보지 못했기 때문에 안경원과 새로 개업한 부동산을 시작하는 데 매진했다. 그러다 보니 자연스럽게 봉사에 대한 각오가 조금씩 약해지고 있었다. 2002년 늦은 봄 무렵 가정 예배를 드리는데 영모와 영신이가 지나가는 말로 안경 봉사에 대해 물었다. 그렇지 않아도 부담감을 안고 있었는데 자식들이 물어보자 대답할 말이 없었다. 그래서 이렇게 말했다.

"곧 시작하려고 했다. 내일부터 당장 준비에 들어가마!"

다음 날, 오래전부터 생각해 두었던 25인승 미니버스를 계약했다.

무슨 일이든 일단 시작해야 일이 진행된다. '시작이 반'이라는 말이 있듯이 시작하기가 어렵지, 일단 시작하면 방법이 있게 마련이다. 특히 주님 앞에 옳은 일이라면 오래 미루는 것보다 일단 도전하는 것이 좋다. 근대 선교의 아버지 윌리엄 캐리가 이런 말을 남겼다고 한다. "하나님을 위해 위대한 일을 기대하고 위대한 일을 시도하라." 나는 이 말에 동감하며 더욱 강조하고 싶다. 위대한 일을 계획했으면 "주저하지 말고 도전하라!" 하나님께서는 우리의 부족함을 차고 넘치게 채우시는 분이다. 그렇기 때문에 주님을 위한 일이라면 반드시 책임지고 인도하신다.

그렇게 미니버스를 계약하고 나니까 일사천리로 진행되었다. 이미 일을 저질렀으니 돌이킬 수 없었다. 만약 안경 봉사를 하지 않는다면 25인승 버스를 어디에 쓴단 말인가? 나는 버스를 어떻게 꾸밀 것인지 고민했다. 이미 안경원을 하고 있었고 안경광학과를 졸업했기 때문에 시력검사와 제작에 필요한 기자재가 무엇인지 명확하게 알고 있었다. 문제는 이동식 버스를 개조하는 일이었다. 차로 이동하기 때문에 안전해야 하고 많은 사람들이 시력검사를 위해 오르내려야 하니 편리해야 했다. 또 최대한 많은 사람들의 안경을 맞추어 드려야 했기 때문에 여분의 안경테와 안경알을 가져갈 수 있어야 했다. 안경 제작을 위한 작업도 수월하도록 구성했다. 이 모든 것을 충족시키려니 처음에는 막막하기만 했다. 혼자 서툰 솜씨로 설계도를 그려 보며 노력했다. 생각이 나지 않을 때는 하나님 앞에 무릎 꿇고 기도했다.

"주님, 주님의 일을 하려고 애쓰는 저를 도와주세요. 제게 지혜를 주세요."

예전에 학교에서 보았던 봉고차 안경원을 떠올리고 주위 사람들에게 자문을 구하며 우리 나름대로 제작에 들어갔다. 아이들에게 도움을 요청하고 싶었지만 놀래 주고 싶은 마음에 아내와 단둘이서 모든 일을 진행했다.

사실 이 모든 것은 돈과 시간이 드는 일이다. 버스를 구입하려면 목돈이 필요했고, 장비 일체를 구비하는 일도 돈과 시간이 많이 들었다. 그래서 사업장에 관심을 기울이는 시간이 줄어들어 불안한 상황이었다. 그러나 놀라운 일이 일어났다. 우리 부부가 안경 선교를 하기로 작정하고 실행에 옮기는 순간부터 하나님께서 안경원과 부동산 운영에 조금의 어려움도 없도록 지켜 주셨다. 오히려 우리가 관심을 가질 때보다 매출이 더 늘어났다. 내가 하나님의 일을 하니까 하나님께서 사업장을 책임져 주신 것이다. 이런 작은 기적들에 힘입어서 즐거운 마음으로 안경 선교 준비를 할 수 있었다.

이동식 버스에 건영옴니백화점에서 처음 안경원을 시작할 때 사용했던 시력검사기를 달았다. 당시 이 장비는 최고급이었기 때문에 몇 년이 지났어도 매우 쓸 만한 상태였다. 그 밖에도 안경 제작 기계를 착탈식으로 설치하고 차의 맨 뒤 칸에는 다양한 안경테를 실을 수 있도록 수납장을 만들었다. 사람들이 앉아서 시력검사를 받을 수 있는 이동식 의자도 달았다. 제일 마지막으로 차의 외관을 치장하는 일이 남았다. 무언가 상징적인 문구를 차에 넣고 싶었다.

아이들과 상의했지만 적당한 문구가 생각나지 않았다. 그러던 어느 날 경부고속도로를 달리는데 길가에 새워져 있는 큰 광고판이 눈에 들어왔다. 고려은단의 광고였는데 큰 글씨로 'JESUS LOVES YOU'라고 쓰여 있는 것이다. 순간 '이거다!' 하는 생각이 들었다. 수많은 사람들이 고속도로에서 차를 몰면서 이 광고판을 본다. 예수님이 나를 사랑하신다는 이 문구를 매일 보며 출퇴근 하는 사람도 있으리라. '이것도 간접 전도가 되겠구나' 하는 생각이 들었다. 그래서 고심 끝에 미니버스의 옆면에 'JESUS LOVES YOU'라는 문구를 새기기로 했다. 아내와 아이들 모두 흔쾌히 동의했다.

다만 예수님의 이름을 적어 놓았으니 혹시라도 예수님의 이름을 욕되게 하는 일이 생기지 않을까 염려하게 되었다. 그래서 지금도 운전할 때 더욱 신경을 쓴다. 차에 예수님의 이름이 새겨져 있기 때문에 혹시 사람들이 실망하지 않도록 차선 변경도 주의 깊게 하고 교통신호도 위반하지 않도록 각별히 유의한다.

다음으로 우리 부부 안경 봉사의 이름을 정하는 일이 남았다. 이름에는 그 사람과 모임의 정체성이 담겨 있기 때문에 기도하며 신중을 기했다. 너무 튀지 않으면서 우리 봉사의 취지를 살릴 수 있는 이름을 구상했다.

그러던 어느 날 목사님께서 사도행전 9장에 나오는 바울의 회심 사건에 대해서 설교하시는 것을 들었다. 바울이 다메섹으로 가던 도중 길가에서 큰 빛을 만나 회심하고 주님의 복음을 전하는 사도가 되었다는 말씀이 가슴에 깊이 새겨졌다. 특히 큰 빛을 만나고 영적인 눈이 떠어졌다는 부분을 들으며 우리의 사역과 깊은 관계가 있다고 느꼈다. 예수님이 큰 빛을 비추어 주셔서 바울의 영적인 눈을 뜨게 해주셨는데 우리 부부도 예수님의 큰 빛을 비추어서 사람들의 육적인 눈을 밝히고 또한 영적인 눈도 밝혔으면 좋겠다고 생각했다. 그래서 우리 부부 봉사단의 이름을 '큰빛'으로 지어야겠다고 마음먹었다. 아이들에게 이야기했더니 처음에는 너무 흔하고 식상한 이름이라며 별로 탐탁치 않게 생각했다. 취지를 자세히 듣자 꿈보다 해몽이 좋다며 격려해 주었다. 그렇게 해서 '큰빛부부안경선교회'란 이름이 탄생하게 되었다.

첫 봉사에서 만난 박경종 시인

드디어 2002년 5월 모든 준비를 끝냈다. 아직 미진한 부분이 많았지만 차츰 갖추어 나가기로 하고 목사님을 초대해 봉사 차량 완성 감사 예배를 드렸다. 공식적으로 감사 예배를 드리니 우리 부부가 봉사한다는 소식이 주변에 많이 알려졌다. 많은 분들이 좋은 일을 시작한다고 격려해 주셨다. 하지만 그에 못지않은 우려의 목소리도 많았다. 봉사를 시작하면서 제일 어려웠던 것은 재정이나 시간보다도 이런 우려들이었다. 물론 나와 아내를 걱정해서 하는 진심어린 충고였지만, 마음이 불편한 것도 사실이었다. 특히 너무 조급하게 시작하면 한두 번 하다 그만둘 수 있으니까 더 준비하라는 말씀이 가장 마음에 걸렸다. 안 그래도 나는 평상시에 어떤 일이든 저질러 놓고 보는 스타일이었기 때문에 그런 말을 들을 때면 혹시 내가 봉사도 내 기질대로 성급하게 하는 것이 아닌지, 그래서 하나님의 영광을 가리는 것은 아닌지 고민이 되었다. 사실 좀 더 늦출까 하는 생각도 여러 번 했었다. 그러나 돌아보면 이런 고민들이 선교에 대한 확신을 더욱 견고히 하고 흔들림 없이 진행하도록 해주었던 것 같다. 그런 고민이 들 때마다 기도하며 하나님의 뜻을 구했고, 이 봉사의 목적과 동기가 무엇인지 돌아보게 했다. 여러 차례 그런 과정을 겪다 보니 이제는 나름대로 결정하는 노하우도 생겼다. 나는 어떤 일을 망설이게 될 때마다 몇 가지 질문을 한다. 그리고 그 질문에 정직하게 "예스"라고 대답할 수 있다고 판단되면 과감하게 실행한다.

'내가 이 봉사를 하려는 동기가 무엇인가? 정말 하나님을 위한 일인가? 나를 드러내려 하는 일인가?'

'나에게 이 일을 할 만한 달란트가 있는가?'

'아내와 나의 마음이 이 일에 일치를 이루는가?'

'이 일을 위해서 기도해 왔고, 지금도 기도하고 있는가?'

이상의 질문들에 확실히 "예스"할 수 있다면 부족한 것이 있어도 순종하는 것이 주저하는 것보다 더 좋다는 것을 깨달았다. 그리고 비록 주변에서 우려와 반대를 할지라도 흔들리지 않고 행할 수 있는 확신을 가질 수 있었다.

그렇게 준비를 하고 드디어 첫 선교 봉사 일정을 잡았다. 준비는 대강 되었지만 어디에서 어떻게 선교 봉사를 시작해야 할지 막막했다. 분명 우리를 필요로 하는 곳은 많을 텐데 어떻게 접촉할 것인지를 몰랐다. 우리는 어디서 어떤 식으로 첫 삽을 떠야 할지 고민했다.

한국 사회가 이전보다 나눔이나 기부, 사회봉사에 점차 적극적이 되어 가는 것이 사실이다. 하지만 대부분의 사람들에게는 봉사가 신문에 나와 있는 남의 이야기로만 남겨질 때가 많다. 막상 봉사를 시작하려고 하면 무엇부터 어떻게 시작해야 하는지 막막하다. 그렇기 때문에 봉사할 사람과 받을 사람을 연결해 주는 봉사 연결망을 잘 갖추는 것이 매우 중요함을 느꼈다. 봉사의 내용을 체계적으로 분류하고 대상자를 통합 관리하여 누구든 작은 관심만 있으면 적절한 곳에 배치될 수 있는 통합 관리 시스템이 나오면 좋겠다.

그래도 나와 같이 교회에 다니는 사람들은 선교 봉사에 접근하는 일이 비교적 쉬운 편이다. 교회에서도 역할을 맡을 수 있고 교회를 통해 도움이 필요한 각 지역에 연결될 수 있는 길이 많기 때문이다. 나도 첫 봉사 지역을 찾는 일은 교회의 도움을 받았다. 교회에서는 교단에서 운영하는 복지부를 알려 주었다. 나는 전화를 걸어 우리의 선교 봉사 내용과 방법, 취지 등을 자세히 설명했다. 사실 아직 우리도 이것이 어떻게 진행될지 한 번도 경험해 본 적이 없는 터라 "눈이 불편하신 분들 시력검사도 해주고 안경도 맞춰 드려요"라고 설명하면서 무료임을 재차 강조했다.

아무래도 수십 명의 안경을 공짜로 맞추어 준다는 이야기를 선뜻 믿기가 쉽지 않은 듯 보였다. 혹시 안경을 미끼로 무슨 장사를 하려는 것은 아닌지 의심이 생기기도 했을 것이다.

나의 설명을 들은 복지 담당자는 처음에는 의아해했지만 자세한 내용을 들은 후 좋은 일을 한다며 격려해 주었다. 그리고는 아주 적절한 곳이 있다며 소개했다. 공주에 있는 원로원인데 이곳은 은퇴 목사님이나 장로님들이 함께 사시는 곳이며, 경제적으로 어려운 분들도 많이 계시고 몸이 아파 거동을 못하는 분들도 많으셔서 돋보기가 꼭 필요하실 거라고 했다.

그렇게 시작한 첫 봉사에서 '초록바다'의 작사자이신 박경종 시인을 만나 귀한 선물을 받았다. 직접 써주신 이 시는 지금 우리 집에 곱게 걸려 있다.

"초록빛 바닷물에 두 손을 담그면 초록빛 바닷물에 두 손을 담그면 파아란 하늘빛 손이 되지요. 어여쁜 초록빛 손이 되지요."

"당신들 손이 파란 손이야. 하늘빛 손이야. 계속 그렇게 살어" 하고 우리 부부를 격려하셨던 박경종 시인은 4년 뒤 우리가 공주 원로원을 다시 찾아갔을 땐 이미 하나님께 가시고 난 후였다. 자신의 전 재산을 기부하고 아름답게 하나님 나라로 떠나가셨다고 했다.

박 선생님이 축복하여 주신 것처럼 우리의 두 손이 하나님의 은혜에 잠겨 하늘 사랑을 전하는 하늘빛 손이 되길 기도한다. 나중에 천국에 가면 박경종 선생님을 만나 뵐 수 있겠지.

그렇게 첫 봉사에 약 30여 분의 어르신들께 안경을 해드렸다. 미처 다 해드리지 못한 분들께는 서울에 올라와서 안경을 제작해 우편으로 보내 드렸다.

시골 교회와의 어깨동무

공주 원로원의 첫 봉사를 계기로 우리는 더욱 자신감을 가지게 되었다. 기대했던 것보다 훨씬 반응이 좋았다. 보통 어르신들은 눈이 불편하고 잘 보이지 않아도 나이를 탓하며 안경을 쓰지 않으신다. 특히 재정적으로 어려움이 있는 분들에게는 돋보기가 사치품에 해당한다. 그런 분들이 우리가 만들어 드린 안경을 쓰고 보이지 않던 글씨가 이제 훤히 보인다며 기뻐하실 때 우리는 너무나 큰 보람을 느낀다. 어르신들은 마치 새 세상을 만난 것처럼 좋아하신다. 무엇보다 그분들의 영적인 눈도 밝아져서 새 피조물이 된 자신을 발견하는 축복을 누리게 되길 기도한다.

이후 우리 부부는 더욱 적극적으로 봉사지를 물색했다. 아직은 우리 봉사에 대해 소개할 만한 자료가 없었기 때문에 주변의 지인들 소개를 받아 찾아갔다. 서울에 거주하는 많은 사람들이 타향살이를 하고 있었기 때문에 그분들의 고향 교회를 소개받았다. 전국 대부분의 지역에 교회가 있기 때문에 교회와 연결이 되면 쉽게 그 지역을 섬길 수 있다. 또한 점점 어려워지고 있는 시골 교회의 목회를 돕는 데 기여할 수 있기에 교회를 중심으로 봉사지를 정했다.

모두가 알다시피 날이 갈수록 시골 교회의 상황은 어려워지고 있다. 젊은 사람들은 도회지로 모두 떠나고 노인 분들만 남아 있는 곳이 대부분이다. 우리가 방문했던 시골 마을 중에서 40대 교인이 있는 곳을 거의 찾아보지 못했다. 마을에서 60세 정도면 청춘으로 친다.

경북 영양에서 봉사할 때다. 우리의 봉사 날짜가 마침 마을 잔치와 겹쳐서 많은 사람들이 마을 회관에 모였다. 함께 음식을 나누는데 머리가 하얀 할아버지께서 회관 밖에서 쪼그려 앉아 음식을 드시고 계셨다.

강원도 삼척시 근덕면에서 안경 봉사를 마친 후 마을 어르신들과 함께

"어르신, 안에서 편하게 드셔요. 왜 밖에서 이렇게 드십니까?"

"나는 어려서 안에 들어가지 못해. 나이 많은 분들이 안에서 드셔
야지."

"아니, 어르신이 어리다니요. 연세가 어떻게 되시는데요?"

"나, 일흔둘이야."

"일흔둘이 어리세요? 하하하."

"이 동네에서 일흔둘이면 청년이야, 청년!"

시골 마을이 고령화되는 줄은 알고 있었지만 일흔둘이신 어르신
이 마을 회관에도 못 들어간다니, 재밌기도 하고 쓸쓸하기도 했다.

시골 마을의 상황이 이렇다 보니 시골 교회도 어려울 수밖에 없다.
성도 대부분이 노인 분들이기에 특수 사역이라고 볼 수 있다. 무엇보
다 노인 분들은 오랜 유교적 전통과 샤머니즘적 인생관을 가지고 있
다. 따라서 예수님을 믿는다는 것이 쉬운 일이 아니다. 많은 분들이

부정 탄다고 교회의 문턱 밟는 것조차 꺼리신다. 또한 시골 교회 특성상 목회자가 자주 바뀌고, 마을 사람들도 목회자에게 정을 주는 것이 쉽지 않다. 그래서 시골 목회지에 부름받은 사역자는 마을 사람들과 접촉하는 것이 매우 어렵다. 외지인에 대한 텃새와 종교적 거부감으로 인해 교회에 발을 들여놓지 않으려 한다. 우리에게 안경 봉사를 요청했던 많은 목회자 분들이 그런 어려움을 호소하셨다.

봉사를 해나갈수록 우리의 봉사가 시골 교회를 돕는 데 매우 유용하다는 것을 깨닫게 되었다. 대부분의 어르신들이 돋보기를 필요로 하시고 크고 작은 질환을 앓고 계시기 때문에 안경사가 직접 와서 시력검사도 해주고 안경도 맞추어 준다고 하면 쉽게 마음을 여신다. 봉사 장소는 일부러 어르신들의 접근이 용이하도록 마을 회관으로 잡는다. 이때 지역 교회 목사님과 성도들은 마을 회관에서 음식

■■■ 안경 봉사 버스 안에서 시력검사를 해드리는 모습

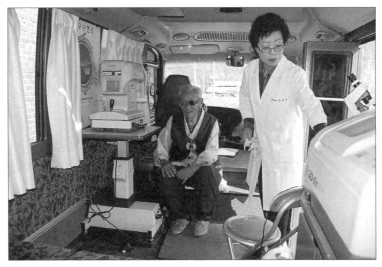

을 준비하며 잔치 분위기로 흥을 돋운다. 목사님은 우리가 방문하기 며칠 전부터 마을 어르신들을 방문하여 안경을 맞추실 분을 미리 신청받는다.

봉사 당일 아침 9시가 되면 마을 이장이 "무료로 시력검사를 해주고 안경을 맞추어 드립니다. 또 교회에서 음식도 준비했습니다. 오셔서 음식도 드시고 안경도 맞추세요"라고 방송을 하면 조용하던 마을에 갑자기 활기가 생긴다. 어르신들이 삼삼오오 마을 회관으로 오신다. 동네 개와 고양이도 낌새를 알아차렸는지 마을 회관 주위에 나타나 어슬렁거린다. 미리 접수하신 분들을 중심으로 시력검사와 안경 맞추는 일이 시작된다. 버스 앞에서 대기하고 계신 분들은 교회 성도들이 나누어 드리는 음식을 들며 환담을 나눈다. 몇몇 분들은 기다리는 것이 지루하신지 윷놀이도 하고 고스톱도 치신다. 술을 달라고 투정을 부리시는 분도 계시고 직접 약주를 가지고 오셔서 드시는 분도 계신다. 크게 웃는 소리, 빈정대는 소리, 익살 부리는 소리가 이곳저곳에서 들려온다.

버스 밖에서는 잔치가 벌어지고 시끌벅적하지만 버스 안은 사뭇 진지하다. 우리 부부는 하얀 가운을 입고 중요한 의식을 치르는 것처럼 반가움과 진지함으로 어르신들을 맞이한다. 버스 안으로 들어오는 어르신들도 우리의 모습을 보며 "아이고, 선상님! 반갑습니다" 하며 큰 소리로 인사를 하신다.

검사지에 쓰인 이름과 주소, 나이 등을 확인하고 어르신을 기계 앞으로 안내한다. 대부분의 어르신들은 무릎이 좋지 않기 때문에 우리 부부가 직접 부축하며 돕는다. 낯선 기계 앞에서 어르신들은 약간 경직되신다. 아내는 어르신의 이름 대신 '아버님', '어머님'이라고 부르며 손을 꼭 잡고 시력검사를 시작한다. 우리 부부의 다정다감한 반응에 어르신들도 긴장을 푸신다. 분위기가 부드러워지면 이런저런 이야기를 건네신다. 버스에 올라서면서부터 내리실 때까지 자식 흉을 보는 분도 계시고, 남편 흉을 보는 분도 계신다. 본인의 눈에 대해서 누구보다도 잘 아는 것처럼 안과학 강의를 하는 분도 계시고, 우리 부부의 봉사에 대해서 꼬치꼬치 물으시는 분도 계신다. 일일이 다 대꾸하지 않고 듣고만 있어도 대화는 별 무리 없이 진행된다.

시력검사가 끝나면 아내는 다시금 어르신의 손을 잡고 말씀드린다.

"아버님! 아버님을 뵈니 돌아가신 제 아버지 생각이 나요. 제 아버지는 전라남도 장흥 분인데 몇 년 전 암으로 돌아가셨어요."

"저런, 쯧쯧쯧."

"그런데 아버지가 돌아가시게 되니까 딱 한 가지 밖에 떠오르는게 없더라고요. 우리 아버지 평생 자식 키우고 농사짓느라 고생하셨는데 죽어서 지옥 안 가고 천국 가셔야 하는데……. 어르신! 어르신 손을 보니까 고생 많이 하신 것 같은데, 그렇죠? 아버님 같은 분은 꼭 천국에 가셔야 해요, 천국에!"

아내의 간곡한 어투에 어르신도 쉽게 거절하지 못하신다. 아내는 기도해 드리겠다는 말을 덧붙이고 버스에서 잘 내리시도록 한 번 더 손을 잡아 드린다. 이렇게 한 분당 10~20분 정도 이야기를 나누면 금세 정이 든다. 정말 내 부모 같은 생각이 든다.

점심시간을 제외하고 오전부터 오후까지 빠듯하게 일하면 약 40여 명의 어르신들의 눈을 검사하고 안경을 맞추어 드릴 수 있다. 봉사 초기에는 익숙하지가 않아서 30여 명도 버거웠는데 지금은 많을 때는 50명까지도 할 수 있게 되었다.

검사가 다 끝나면 우리 부부는 아직 끝내지 못한 안경을 제작하고, 섞이지 않도록 이름과 시력을 확인한다. 안경 케이스에 이름표를 붙이고 안경을 넣으면 모든 작업이 완료된다. 이렇게 제작된 안경은 박스에 담아 목사님께 드린다. 이제 안경을 나누어 드리는 일은 목사님 몫이다. 될 수 있는 대로 수요 예배나 주일예배 후에 안경을 나누어 드리도록 한다. 어르신들이 교회 예배당 안에 들어오고 예배에 함께하실 수 있기 때문이다. 이렇게 한 번 교회당 문을 밟으면 두세 번 찾아오는 것은 어렵지 않다. 무엇보다 예배 시간을 통해서 진지하게 복음의 메시지를 들을 수 있기에 영혼 구원의 좋은 기회이다.

얼마 전에 봉사했던 지역의 목사님께서 전화를 하셨다. 목소리가 한껏 고무되어 있었다.

"박 장로님이시죠? 장로님, 하나님께서 기적을 베풀어 주셨습니다. 우리 교회 예배 역사상 가장 많은 인원인 마흔여섯 분이 이번 주 예배에 참석했어요. 그리고 여섯 분이 예수님을 믿고 앞으로도 교회에 나오시기로 했어요. 할렐루야!"

그 교회는 오랫동안 열 명 내외의 사람들이 예배 드리던 곳이었다. 안경 봉사를 하고 주일예배 후에 안경을 드리기로 하자 안경을 찾으러 동네 어르신들이 예배에 참석하신 것이다. 목사님은 처음 예배에 참석한 30여 분의 어르신들을 향해 복음을 힘 있게 전하셨다. 그분들 중에는 교회 근처에 오는 것조차 싫어하시던 분도 계셨다. 이렇게 자의 반 타의 반 예배를 드리고 여섯 분이 예수님을 영접하여 계속 교회에 나오기로 하신 것이다. 안경 선교 이후 50% 이상의 성장을 이루었다고 좋아하시며 연신 감사하다고 고백하는 목사님의 전화에 나 또한 힘이 났고, 역사하시는 하나님께 감사했다.

물론 예배 참석 숫자가 절대적인 의미를 가지는 것은 아니다. 하지만 이 일을 계기로 사역하는 목사님이 힘을 얻고 구원의 역사를 경험했다는 것 자체가 놀라운 변화이다. 더욱이 한 영혼이라도 예수님을 믿고 천국의 문으로 인도한다면 그것은 천하를 얻는 일보다 더 큰일임을 성경은 말씀하고 있다.

Well-being? Well-dying?

교회와 연결해서 하는 봉사를 놓고 많은 고민을 했다. 어떤 분들은 봉사가 순수하지 못하다고 비판하는 분도 계신다. 그냥 베풀어야지 안경을 통해 교회를 나오도록 하는 것은 장기적으로는 봉사에 부담을 주고 사람들이 거부할 것이란 이야기다. 이럴 때면 이 선교 봉사의 궁극적인 목적이 무엇인지 다시 생각하게 된다. 눈이 불편해도 돈이 부족하여 안경을 맞추지 못하는 분들에게 안경을 선물하는 일은 분명 좋은 일이며 성경적으로 바람직한 일이다. 하지만 그분들이 우리가 맞추어 드린 안경을 쓰고 신문과 TV를 보게 되는 것은 단지 '편리'만을 제공하는 것이다. 만약 예수님을 모르고 그렇게 이 땅을 떠난다면 그 모든 것이 모래성과 같이 무너질 것이다. 잠깐의 편리

함도 중요하지만 진정으로 영원의 안식을 알려 드리는 것이 진실한 봉사이자 선교이며 궁극적으로 인류에 기여하는 길이다.

아들이 청년부 전도사로 사역할 때이다. 아들은 교회 청년들과 2005년부터 2007년까지 3년 동안 매년 여름마다 경북 영양의 한 마을에 농촌 봉사를 다녀왔다. 우리 부부도 2005년과 2007년 여름 두 차례 동참했다.

2007년 두 번째로 그 마을을 방문하여 안경 봉사를 마감하고 아들과 함께 정리할 때였다.

"그런데 2005년에 안경을 맞추셨던 초등학교 뒷집 할아버지는 안 보이네."

"누구 말씀하시는 거예요?"

"있잖아. 할머니 할아버지 두 분 다 염색 안 하신 채로 다니시고, 할머니가 유모차 끌고 다니시는……."

그분이 기억에 남았던 것은 연세가 아흔이 넘으셨는데도 정정한 모습으로 안경을 맞추고 가시던 모습 때문이다.

"그 할아버님 돌아가셨대요. 작년에요. 저희도 마을 분들께 인사드릴 때 찾아뵈었는데 돌아가셨다고 하시기에 매우 안타까웠어요."

돌아가셨다는 소식에 가슴이 저렸다. 아흔이 넘은 나이에 돌아가셨으면 호상이지만 예수님을 모르고 가셨을 생각을 하니 안타까운 마음이 들었다. 그 마을은 교회가 없는 곳으로 청년들이 3년 동안 봉사를 하며 교회를 세우기 위해 기도하던 곳이었다. 그날 이후 "돌아가셨는데요"라는 말이 마음에 계속 맴돌았다. 돌아가셨다면 어디로

돌아가셨다는 말인가? 하나님 품으로 돌아가는 것이 진짜로 돌아가
신 것인데 어디로 돌아가셨다는 말인가?

　죽음이라는 단어를 제외하고 인생을 보면 '행복', '부(富)' 이런 것
들이 인생에서 가장 중요한 것처럼 보인다. 하지만 죽음을 생각하면
삶의 우선순위가 당장에 바뀐다. 특히 죽음의 문턱에 한 걸음 더 가
까이 있는 노인들의 경우 죽음을 준비하는 일은 그 어떤 일보다 중
요하다. 안경 봉사를 하면 할수록 느끼는 일이다. 그저 노인 분들이
웰빙(Well-being)하시도록 하는 데 기여하는 봉사가 아니라. '웰다잉
(Well-dying)'하시도록 하는 선교 봉사를 해야겠다는 확신이 더욱 확
고해졌다. 천국과 연결해 주는 봉사, 주님을 만나도록 하는 봉사가
진정한 봉사일 것이다.

웰다잉에 조금이라도 보탬이 되고자 언젠가부터 안경과 함께 수건을 나누어 드리기 시작했다. 수건에는 '하나님은 당신을 사랑하십니다'라는 글씨를 새겨 놓았다. 수건은 매일 걸어 놓고 쓰는 것이니 어르신들이 이 수건으로 얼굴을 닦고 방을 닦을 때마다 하나님은 나를 사랑한다는 문구를 보시길 바라는 마음에서이다.

언젠가 목사님의 설교 말씀을 통해 한국에 선교를 위해 오셨다가 순교하신 토마스 선교사님의 이야기를 들은 적이 있다. 1866년, 그분은 미국의 제너럴셔먼호를 타고 한국에 오셨다고 한다. 제너럴셔먼호는 대동강을 거슬러 올라와 만경대 밑에 정박했고, 조선 군대와 접전 끝에 침몰하는 일이 발생했다. 이때 가까스로 뭍으로 올라온 토마스 선교사는 성경을 전하고 순교하셨다. 이때 배가 침몰하는 것을 보던 '최치량'이라는 소년이 있었다. 그는 토마스 선교사가 남긴 세 권의 성경을 받아 보관하고 있다가 후에 영주문사 박영식에게 주었다. 박영식은 성경 종이가 아까워 이것을 뜯어 자기 집 벽지로 발랐다고 한다. 그런데 최치량은 박영식의 집에 갔다가 벽에 붙어 있는 성경 말씀을 읽고 기독교인이 되었다. 그리고 성경을 뜯어 벽지로 발랐던 이 집은 평양 최초의 교회인 널다리골 예배당이 되었고, 이 예배당은 나중에 평양 대부흥이 일어났던 장대현 교회의 모체가 되었다.

이 일화는 나에게 큰 감동을 주었다. 비록 제대로 된 선교를 한 번도 하지는 못했지만 토마스 선교사의 죽음이 헛되지 않았음을 깨달았다. 또한 뜯어 바른 성경 벽지의 위력이 얼마나 큰지 놀라웠다.

우리 부부가 나누어 드리는 수건을 통해 이러한 일이 나타나길 소망한다. 따뜻한 관심이 필요한 시골 마을 노인들을 살아 계신 하나님께서 사랑하신다는 놀라운 소식이 그분들의 마음속에 살아 있는 문자로 열매 맺기를 기도한다.

받을까? 말까? 선물 소동

봉사를 하면서 당황스러운 일 중의 하나가 마을 분들이 주시는 선물 세례다. 아직도 시골은 정이 많아 공짜로 안경을 맞추어 드린다고 하니 답례로 크고 작은 선물을 가져오신다. 우리를 초청한 시골 교회에서도 후하게 대접하려고 신경을 많이 쓴다. 가기 전에 절대 준비하지 말라고 여러 차례 당부해도 소용이 없다. 멀리서 와서 약 40명의 안경을 제작해 드리니 작은 성의라도 표시하고 싶은 게 인지상정일 것이다. 하지만 우리 부부는 처음부터 일체 금전이나 선물을 받지 않기로 하나님과 가족들 앞에서 약속했다. 자비량 선교의 초심이 흔들리지 않도록 조금 섭섭해하시더라도 철저하게 거절하자고 서로 다짐했다.

그러나 막상 상황에 직면하니 거절하는 것이 쉽지 않았다. 만약 돈을 주시거나 값나가는 물건을 주시면 완강하게 거절할 텐데 어르신들이 가져오는 것은 그야말로 '정(情)'이었다. 고구마, 감자, 옥수수, 쑥, 돼지고기, 꿀, 나물, 고추, 호박, 양말 등 그 종류도 다양했다. 심지어는 고무신을 가져오신 분도 계셨다. 아내는 이런 정을 거절하는 것은 예의가 아니라고 했다. 나도 거절하면 오히려 어른들에게 실례가 되겠다는 생각이 들었다. 혹시 싸고 흔한 것을 가져오니까 안 받는다는 오해를 불러일으킬 수도 있기 때문이다. 하지만 하나님 앞에 한 약속은 약속이다. 어느 정도를 받고 어느 정도는 받지 않겠다고 정하는 것 또한 불가능하다. 처음부터 예외를 두면 나중에 어떻게 변질될지도 모른다는 생각이 들었다. 인간은 간사해서 의도하지 않게 이 마을과 저 마을을 비교할 수도 있다. 이 마을은 정을 표시했는데 이 마을은 야박하다고 생각할 수도 있다. 그래서 나는 어떠한 선물도 받지 않겠다고 했다. 그러나 아내는 그러지 말자고 했다.

봉사할 때마다 마을 사람들 혹은 교회 분들과 이런 문제로 실랑이를 했다. 또한 봉사를 마치고 돌아오면서 야박하게 선물을 받지 않고 온다고 투덜대는 아내와도 마찰이 있었다. 어떤 경우는 일단 받아 놓고 나중에 떠나올 때 몰래 두고 온 적도 있고, 받은 즉시 교회에 헌납하기도 했다. 하지만 그 어떤 경우도 찜찜하긴 마찬가지였다.

이 문제로 목사님과 주위 분들께 상의했지만 의견이 분분했다. 잘 받아야 잘 줄 수 있다는 분도 계셨고, 이런 문제는 확실히 받지 않아야 시험 들지 않는다는 분도 계셨다. 방법은 기도밖에 없었다.

> 너희 중에 누구든지 지혜가 부족하거든 모든 사람에게 후히 주시고
> 꾸짖지 아니하시는 하나님께 구하라 그리하면 주시리라
>
> 야고보서 1:5

이런 문제는 선악을 분별해야 할 문제가 아니라 지혜의 문제다. 나

누는 자와 받는 자 모두 마음이 평안할 수 있는 지혜가 필요했다.

며칠을 기도하고 나자 지혜의 성령께서 좋은 아이디어를 주셨다. 선물 대신에 소감의 글을 받도록 하는 것이다. 우리의 봉사를 받고 느낀 점이나 소감, 건의 사항을 적은 글을 달라고 봉사 시작할 때 요청을 했다. 그렇게 하면 봉사를 받으시는 분도 무엇인가 감사의 마음을 전할 수 있는 길이 열리고 우리 부부에게도 좋은 자료와 격려가 될 수 있기 때문이다. 결과는 매우 만족스러웠다.

우리 부부는 미리 소감을 적을 용지를 마련했다. 그리고 안경을 맞추고 나서 적을 수 있도록 원하시는 분들에게 나누어 드렸다. 봉사가 끝날 때 받은 소감 글을 집에 돌아와 하나씩 읽어 보면 더욱 뿌듯하고 감사했다. 더러는 봉사가 끝난 지 한참 만에 팩스로 소감을 보내 주시는 분들도 계셨다.

봉사할 때마다 그런 글들을 모으니 벌써 책 한 권이 될 정도다. 나 또한 봉사할 때의 소감을 적어서 안경을 받은 분들의 글과 함께 정리하였다. 그리고 그곳에서 찍은 사진 몇 장을 첨부하였다. 이렇게 봉사의 흔적과 자취를 정리하여 보관하니, 우리 부부 안경 선교의 역사가 되었다. 가끔 정리할 겸 훑어보면 당시의 상황도 떠오르고 다시 한 번 용기를 얻게 된다.

소감 글들은 다양했다. 시도 있고 편지도 있고 개인적인 바람도 있고 뜻 모를 글들도 있다. 맞춤법과 문법은 문제가 되지 않는다. 그분들이 주신 소감문은 감사의 마음이 듬뿍 배어 있는 최고의 선물이며 보배이다. 몇 편의 글들을 소개할까 한다.

미움의 안경과 사랑의 안경

미움의 안경을 쓰고 보면
똑똑한 사람은 잘난 체하는 사람으로 보이고
착한 사람은 어수룩한 사람으로 보이고
얌전한 사람은 소극적인 사람으로 보이고

사랑의 안경을 쓰고 보면
잘난 체 하는 사람도 참 똑똑해 보이고
어수룩한 사람도 참 착해 보이고
소극적인 사람도 참 얌전해 보이고

사랑의 하나님
오늘 '큰빛부부안경선교회'를 통해
선물 받은 안경이 사랑의 안경이 되게 하소서.

— 낙원의 집 시설장 신정태 목사

    먼 곳에서 이곳 가천 마을까지 찾아 주셔서 감사드립니다. 시력검사를 제대로 받을 수 없는 이곳에 오셔서 시력검사와 안경까지 해주신다니, 미안하고 감사할 뿐입니다. 고령의 나이여서 글자가 안 보이던 차에 교회 전도사님의 수고와 노력으로 동민들의 눈을 열게 하심을 감사하오며, 이것이 하나님의 사랑이라고 하니 우리도 앞으로 하나님을 믿겠습니다. 동민들과 함께 대화도 하고 식사도 나누고, 오늘이야말로 가천동민 한 사람으로서 너무나도 기분이 좋았습니다. 앞으로 도 좋은 일을 하실 선생님께 동민의 한 사람으로 깊은 찬사 보내 드립니다. 고맙습니다.

— 2005년 6월 14일 가천리 마을 대표

선교사님이 다녀가신 후 어르신들이 안경을 찾기로 한 날에 태풍 난리가 왔습니다. 아침부터 쏟아지는 비와 바람으로 아이들도 많이 참석을 못하고 어른들이 오는 시간에는 걸어 다닐 수조차 없었습니다. 그런 중에도 우비를 입고 약속대로 안경을 찾으러 오신 분이 한 분 계셨습니다. 함께 예배를 드리고 예수님을 영접하셨습니다. 그리고는 태풍 피해가 동네 전체를 휩쓸고 갔기에 한동안 안경을 찾으러 오시질 못하셨어요.

— 2007년 10월 28일 제주도 신산교회 배순옥 목사

저는 이곳으로 부임한 지 5개월 밖에 되지 않았는데 지역적으로 미신과 이단 사상 때문에 복음 전파에 많은 어려움을 느꼈습니다. 염려와 걱정 속에서 하나님께서 복음의 문을 열어 주시길 기도하는 중에 '큰빛 부부안경선교회' 집사님과의 만남을 주셨습니다. 집사님의 안경 봉사가 지역 선교의 첫 문이 되었습니다. 마을 무당까지 와서 안경을 맞추고 갔습니다. 이를 통해 변화되는 역사가 일어나면 너무나 좋겠습니다.

— 2004년 2월 5일 정읍 소망교회 이겸본 목사

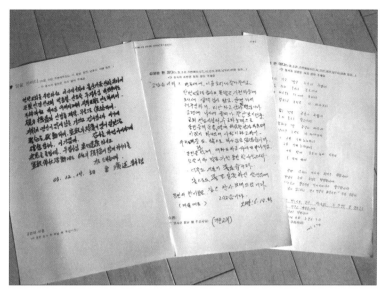

선물 대신 받은 소감문들이 책 한 권이 될 만큼 모였다.

오른손이 하는 것을 왼손이?

우리 부부가 봉사 활동을 시작한 지 2년, 3년 지나자 주변에서 우리의 섬김에 관심을 보이는 분들이 나타났다. 특히 지역 신문이나 방송 등 언론 매체에서 어떻게 알았는지 취재를 하겠다는 연락이 왔다. 하지만 우리 부부는 어떤 취재도 단호히 거부했다. 나의 본성이 자랑하고 드러내는 것을 좋아해서 처음부터 가족들과 조용히 진행할 것을 약속했었다. 무엇보다 마태복음 6장 3절에 '너는 구제할 때에 오른손이 하는 것을 왼손이 모르게 하라'고 하셨기에 우리의 섬김을 드러내고 싶지 않았다.

그러던 어느 날, 영모가 국민일보에서 취재 요청이 들어왔다고 하는 것이다. 어떻게 너에게 들어왔냐고 물었더니 아들의 은사인 연세 대학교 김정주 교수님께서 우리 부부의 이야기를 들으시고 국민일보에 알려 주셨다는 것이다. 좋은 일은 널리 알려서 서로 격려하고 도전하자고 하셨단다. 처음에는 여느 때와 마찬가지로 거절했다. 봉사한 지 이제 3년밖에 되지 않았기에 별다른 기삿거리도 없다고 생각했다. 하지만 아들의 은사님 부탁인지라 거절하기가 난처했다. 결국 취재에 응했다. 막상 인터뷰를 하기로 결정한 후에는 기다렸다는 듯이 기사를 위한 자료와 사진들을 정리했다. 아들은 그렇게 적극적으로 할 거면서 왜 거부했냐며 웃었다. 당시 취재했던 기자님도 언제 취재를 거부했냐는 듯 적극적인 태도를 보인 우리 부부의 모습을 즐겁게 담아갔다.

이렇게 해서 2005년 1월 27일 우리 부부의 이야기가 국민일보 미션란을 장식하게 되었다. 신문이 나오는 날 아침 신문을 보고 깜짝 놀랐다. 신문 귀퉁이에 작게 실릴 줄 알았는데 미션면의 첫 페이지 전체를 덮는 헤드라인 기사로 나온 것이다. 평생 소시민으로 살아온 우리 부부로서는 일간지에 대문짝만 하게 나온 사진과 글에 적잖이 당황했다. 그날 이곳저곳에서 전화가 걸려 왔다.

"언제 이런 일을 했냐?", "놀랍다", "정말 당신이 그 사람이냐?", "자랑스럽다" 등 격려의 전화가 쇄도했다.

칭찬을 싫어할 사람이 있겠는가? 기분이 흐뭇했고 날아갈 것 같았다. 자녀들도 기뻐하며 격려해 주었고 교회에서도 칭찬을 많이 해 주셨다. 한편으로는 하나님께 죄송한 마음도 들었다. 봉사하면서 우리 부부가 받은 기쁨이 더 큰데 이렇게 칭찬을 받아도 되나 싶었다. 하나님의 영광을 내가 취하는 것은 아닌지 염려도 되었다. 아내와 함께 겸손하게 첫 마음을 잃어버리지 말자고 다짐했다.

신문에 우리 기사가 나간 후 봉사 요청이 쇄도했다. 신문 기사 중에 우리 안경원 이름이 실명으로 나와서 가게로 직접 전화가 많이 왔다. 일하고 있던 안경 기사들이 불평을 할 정도였다. 신문에 기사도 실리고 봉사 요청이 쇄도하니까 책임감이 더욱 커졌다. 하나님의 이름을 가리지 않도록 더욱 성실하게 섬겨야 한다는 각오가 생겼다.

국민일보 기사를 계기로 봉사지를 물색하는 데 더는 어려움이 생기지 않게 됐다. 예전에는 아는 사람을 통해 알음알음 찾아가 봉사를 했고, 어떤 경우는 어디를 가서 섬겨야 할지 몰라 막막하기도 했는데 기사가 나가니까 2년을 해도 다 못할 정도의 신청이 들어왔다. 하나님께서 그동안 우리의 수고를 기억해 주셔서 좀 더 원활하게 봉사하도록 인도해 주셨음을 깨달았다. 연락이 오는 곳마다 정성스럽게 답장을 드리고 봉사 일정을 잡았다. 가야할 곳이 많다 보니 봉사 횟수를 늘리는 것이 필요했다. 우리 부부는 일주일에 한 번씩, 그리고 한 번에 40명씩 섬기기로 하였다. 가게 일이 걱정되기는 했지만 하나님의 인도하심을 믿고 순종해 나갔다.

이때부터 우리 부부의 주업이 완전히 바뀌었다. 한 번 봉사를 나가기 위해서는 물건 구입과 여타 준비로 하루, 봉사지로 내려가고 올라오는 데 하루, 봉사하는 데 하루, 이렇게 해서 꼬박 3일이 소요된다. 토요일과 주일에는 교회에서 섬기기 때문에 결국 생업에는 이

틀만 종사하게 된 것이다. 사람들은 봉사에 더욱 열심을 내는 우리를 걱정스러운 시선으로 보았다. 하지만 자기를 찾는 자들에게 상주시는 하나님이 계시기에 전혀 걱정이 되지 않았다. 과거에도 신실하게 인도하셨던 하나님께서 우리 부부의 이런 모습을 외면하실 리가 없다. 우리 부부가 봉사의 횟수를 늘린 이후에도 소득은 전혀 줄지 않았다. 오히려 봉사하는 데 필요한 비용이 늘어난 만큼 더 많은 소득을 허락하셨다. 부동산과 안경원의 직원들이 모두 성실하게 일을 잘 감당해 주었다.

하나님의 인도하심 가운데 이렇게 우리의 섬김이 업그레이드되어 갔다. 2005년 1월 27일 국민일보 기사가 나간 후 2008년 말까지 지역 신문과 일간지, 잡지, 케이블 TV 심지어는 공영방송까지 우리 부부의 봉사가 소개되었다. 횟수로 40여 차례나 되었다. 이렇게 우리의 섬김이 외부에 알려지면서 봉사는 더욱 힘을 얻게 되었다. 새로운 지역을 찾아갈 때마다 우리의 취지와 순수성을 알리느라 에너지를 소모할 필요도 없게 되었다. 봉사의 기쁨도 얻고, 부부간의 금슬도 좋아지고, 사람들에게 칭찬도 받고, 봉사지를 찾는 일도 수월해지는 등 모든 것이 문제없이 진행되고 있는 것 같았다.

더욱이 2007년에는 영광스런 일들이 두 번이나 생겼다. 그해 4월에 코오롱그룹에서 후원하는 복지 재단에서 수여하는 우정 선행상을 받게 되었다. 살맛 나는 세상을 만드는 데 공헌한 바가 크다면서 상금 500만 원과 함께 상장을 주었다. 시상도 평소 존경하던 동덕여대 총장인 손봉호 교수님께서 해주셨다. 얼마나 기쁘고 감사했는지 모른다. 하나님이 주신 보너스라고 여긴 상금 500만 원을 어떻게 할까 고민했는데 문득 영모의 이야기가 생각났다.

"신학대학원에 다니는 전도사님들 중 어려운 환경에서 공부하는 분이 참 많아요. 꼭 돕고 싶어요."

이에 영모가 다니고 있던 총신대학교 신학대학원에 장학금으로 상금을 모두 기부했다. 그해 겨울에는 또 한 번의 경사가 났다. MBC에서 매년 사회봉사대상을 뽑는데 우리 부부가 우수상을 받게 된 것이다. 우리 부부가 수상하는 모습이 공영방송을 통해 방영된다니 뿌듯하고 감사했다. 수상하는 날 사돈 어르신, 딸 부부, 며느리와 손자까지 대가족을 이끌고 MBC 스튜디오 녹화장을 찾아갔다. 장시간의 녹화에도 힘든 줄 모르고 신이 났다. 평생 상이라고는 받아 본 적이 없던 내가 온 국민이 보는 앞에서 상을 받으려니 감개무량했다. 가문의 영광이라며 가족들도 칭찬해 주었다. 손자들도 우리 할아버지가 TV에 나온다며 좋아했다. 하나님은 정말 멋진 분이시다. 하나님의 나라를 위해 힘쓰는 자를 기뻐하시고 높여 주시는 분이시다. 칭찬은 고래도 춤추게 한다고 그러지 않는가? 자꾸 칭찬을 받으니까 더 열심히 하게 되고 더 큰 동기부여가 되어 더욱 열심히 봉사해야겠다고 다짐했다.

그러던 중 2008년이 지나고 한 해를 마감하는 12월이 되었다. 그해를 돌아보는데 마음속에 말할 수 없는 허탈감과 번민이 밀려왔다. 갑작스럽게 찾아오는 허탈감에 매우 당황스러웠다. 객관적인 관점에서 2008년을 돌아보면 부족할 것이 없었다. 봉사, 가정, 자녀들, 경제 문제, 사회적 관계 등 모든 것이 내 인생 그 어느 해보다도 완벽해 보였다. 그런데 이 허탈감과 텅 빈 마음은 어디에서 오는 것일까? 마음의 공허함에 잠도 잘 오지 않고 번민에 휩싸였다. 기쁨과 감사가 넘쳐야 하는데 마음에 평안이 없었다. 알 수 없는 공허함 앞에 나의 내면은 무너지고 있었다. 힘없이 주님 앞에 몸부림치기를 여러 날, 그날도 집에서 혼자 묵상하고 기도하며 생각에 잠겨 있었는데, 나지막이 주님의 음성이 들리는 듯 했다.

"무엇을 위해 안경 선교를 하느냐? 너의 섬김은 누구를 위한 것이냐?"

마음속 깊은 곳에서 울리는 이 질문 앞에 나는 무릎을 꿇었다.

"주님, 저의 이 깊은 공허함은 교만에서 온 것임을 깨달았습니다. 첫 마음과 첫사랑을 잃어버렸습니다. 봉사를 위한 봉사, 보이기 위한 섬김을 했음을 고백합니다."

자신을 드러내며 바리새인의 독소가 내 안에 깊이 뿌리내려 있음을 깨닫는 순간이었다. 다시금 마태복음 6장을 펼쳤다. 평상시에는 '오른손이 하는 것을 왼손이 모르게 하여'라는 3절 말씀이 주의 깊게 들어왔는데, 이 날은 유독 1절이 눈에 띄었다.

'사람에게 보이려고 그들 앞에서 너희 의를 행하지 않도록 주의하라 그리하지 아니하면 하늘에 계신 너희 아버지께 상을 받지 못하느니라'(마태복음 6장 1절)

보이려고 하지 말라는 말씀이 가슴에 새겨졌다. 또 하나님께 상을 받지 못한다는 말씀에 가슴이 철렁했다. 이 땅에서 아무리 상을 많이 받은들 무슨 소용이 있단 말인가? 기껏해야 몇 십 년 누리는 것 때문에 내 인생을 낭비하고 있다는 생각에 정신이 번쩍 뜨였다.

계속해서 2절은 이렇게 말한다.

'그러므로 구제할 때에 외식하는 자가 사람에게서 영광을 받으려고 회당과 거리에서 하는 것 같이 너희 앞에 나팔을 불지 말라 진실로 너희에게 이르노니 그들은 자기 상을 이미 받았느니라'

나의 모습이 딱 외식하는 자의 모습이었다. 신문과 TV에서 나팔을 불며 구제하고 사람들의 인정을 구했다.

'주님, 저는 주님 앞에서 상을 받고 싶습니다. 주님께서 주시는 상을 받고 싶습니다.'

진심으로 회개하며 하나님께 기도했다. 왜 주님께서 오른손이 하는 것을 왼손이 모르게 하라고 하셨는지 이제야 조금 알 것 같았다. 물론 언론 보도나 수상이 봉사에 큰 힘이 된 것이 사실이다. 그리고 그 모든 은혜를 주님이 허락하셨음을 믿고 감사를 드린다. 하지만 진정한 섬김의 원천과 목적은 오직 주님의 영광임을 다시 한 번 깨달았다. 그리할 때 혹 칭찬이 아닌 핍박과 환난이 오더라도 흔들림 없이 섬길 수 있는 것이다.

그날 저녁에 아내와 이런 깨달음을 진솔하게 나누었다. 사실 아내는 그동안 나의 행동에 대해서 여러 차례 경고를 보냈었다. 이제 그만 자랑하라며 노골적으로 지적하기도 했다. 그럴 때면 알리는 일도 주님의 일이라며 합리화했다.

나의 고백에 아내는 매우 기뻐했다. 하나님께서 응답하셨다고 감사해하며 물었다.

"〈새롭게 하소서〉 출연은 어떻게 하지?"

"그, 그건 말이지. 이미 약속한 거니 지켜야 하지 않을까?"

"책을 내는 것은?"

"그것도 약속한 거잖아. 이미 많이 썼는데……."

나의 궁색한 대답에 아내도 웃고 나도 웃었다. 우리 주님이 괘씸해하실까?

주님, 귀엽게 봐주세요. 하하!

보라 내가
새 일을 행하리니

묵보에게 일어난 기적

2002년 7월 10일부터 안경 봉사를 시작해서 섬긴 지 7년이 되었다. 그동안 방문한 곳은 교회, 동사무소, 복지관, 마을 회관, 장애우 시설, 교도소 등 전국 방방곡곡 지역을 가리지 않고 240여 곳을 다녔다. 산골 마을뿐만 아니라 도심지에서도 섬겼고, 바다 건너 섬에 들어가서도 안경 선교 봉사를 했다. 선교 버스는 무려 10만 킬로미터를 달렸다. 지구 한 바퀴가 4만 킬로미터 정도 되니까 봉사만을 위해서 지구 두 바퀴 반을 돈 셈이다. 안경을 맞추어 드린 분도 2009년 현재까지 1만4000여 명에 이른다. 한곳에서 적으면 30명, 많으면 50명까지 섬긴 것이 이제 총 만 명을 훌쩍 넘게 되었다. 생업에 종사하는 중에 아내와 둘이서 직접 운전하고 봉사한 것을 생각하면 적은 숫자가 아니다. 하지만 중요한 것은 얼마나 많은 곳을 다녔고 얼마나 많은 사람에게 안경을 제작해 드렸는지가 아닐 것이다. 나중에 우리 주님께서 "너 몇 군데나 방문했니? 몇 사람에게 무료로 안경 맞춰 주었니?"하고 묻지는 않을 것이다. 중요한 것은 주님의 말씀에 순종하여 빛과 소금의 사명을 감당하기 위해 애쓴 '삶'이다. 소박하지만 '삶'으로 순종할 때 주께서는 겨자씨가 자라나 풍성한 가지를 드리우는 역사를 행하셨다.

그리고 무엇보다 이 모든 일을 움직이시고 주관하신 분이 바로 하나님이심을 고백하지 않을 수 없다. 예전에는 모든 것을 예정하시고 주관하시는 하나님의 섭리가 믿어지지 않았다. 자기가 해놓고 "하나님께서 모든 일을 행하셨어요!"라고 고백하는 사람들을 보면 위선적으로 느껴질 때도 있었다. 그런데 막상 7년을 봉사하고 나니, 그 말뜻이 무엇인지 알 것 같다. 안경과는 전혀 상관없는 삶을 살았던 내가 안경과 연결이 되어 안경원을 운영하고, 쉰이 넘은 나이에 검정고시와 수능을 거쳐 안경광학과에 입학하고 졸업한 일은 신비 그 자체이다. 더욱이 25인승 버스를 구입해서 안경 봉사를 한 후 7년 동안 단 한 번의 사고나 헛걸음 없이 꾸준하게 섬길 수 있었던 것은 기적이다.

누구든 우리 부부의 봉사와 삶의 원동력을 인간적으로 찾으려고 한다면 절대 찾을 수 없을 것이다. 신문이나 방송에서는 우리 부부의 불굴의 의지에 초점을 맞추어 보도한다. 어려운 환경을 이겨내고 성공하여 섬김의 삶을 산다는 것이다. 하지만 정확히 말해서 그것은 진실이 아니다. 나를 오래전부터 알던 사람이라면 박종월, 안효숙 부부는 절대로 그런 일을 할 수 없는 사람들임을 안다. 나 역시도 내 속에서 선한 것이 나올 수 없다는 사실을 잘 알고 있다. 출신이나 환경, 학력, 인격 모든 것이 자격 미달이다. 인간적인 눈으로 볼 때 일어날 수 없는 일이 일어난 것이다.

봉사를 시작한 지 1년 6개월이 조금 넘어갈 무렵 그동안 잘 찾아가지 않았던 고향 마을을 방문해야겠다는 생각이 들었다. 좋은 기억보다는 나쁜 기억으로 얼룩진 고향을 찾아가 마음의 빚을 청산하고 싶었다. 아내도 흔쾌히 동의했다.

전북 순창군 풍산면 반월리. 내가 어렸을 때만 하더라도 이곳엔 교회가 없었다. 지금은 마을 한가운데 교회가 우뚝 서 있다. 더욱이 목사님이 새로 부임하신 지 얼마 되지 않았다고 하여 당장에 전화를 드렸다. 우리의 전화를 받고 목사님도 굉장히 기뻐하며 기대하셨다.

2003년 12월, 추운 겨울바람을 뚫고 고향 마을로 향했다. 우리가 도착하기도 전에 이미 '묵보' 종월이가 온다는 소식이 온 마을에 퍼졌다. 안경을 맞추러 온 사람들과 나를 보러 온 사람들로 교회 앞마당은 시끌벅적하였다.

40년 전 치를 떨며 도망치듯 빠져나왔던 마을 거리를 'JESUS LOVES YOU'라는 문구를 휘날리며 들어서는 순간 그동안 묵혀 두었던 오랜 감정들이 복받쳐 올라왔다. 도저히 운전을 할 수 없어서 잠시 차를 길 옆에 주차해 놓고 심호흡을 하며 기도했다.

'주님, 저를 버린 마을에 주님을 모시고 들어갑니다. 주님께서 제 마음에 찾아오셨듯이 그렇게 주님을 모시고 갑니다.'

간신히 마음을 정리하고 다시 차를 몰아 교회 앞마당으로 들어섰다. 동네에 서커스단이라도 들어서는 것처럼 사람들은 신기한 듯 우리 차를 바라보았다. 차 문을 열고 내리자 익숙한 고향 냄새가 코끝을 휘감았다.

"묵보 왔네, 묵보!"

"니가 묵보여? 묵보 맞어?"

사람들은 하나같이 반가움을 '묵보'로 표현하였다. 하지만 아쉽게도 얼굴을 알아볼 만한 분은 별로 계시지 않았다. 한참 동안 '누구누구의 누나'라든가, '내 배다른 형의 친구 아버지'라든가, '누구 집 몇째'라고 하면서 인맥을 짚어 가며 설명해 주셨다. 그래도 개중에는 기억이 선명한 분들도 계셨다. 일일이 악수하고 인사하며 간만의 정을 나누었다.

동네 분들의 환영과 함께 봉사를 시작하였다. 한 분씩 버스 안으로 올라오기 시작했다. 안면이 있어서 그런지 다른 곳에서보다 요란스럽게 일이 진행되었다. 큰소리로 인사하는 분들, 나를 놀리며 우스갯소리를 하는 분들, 색시를 맞은 지 40년 만에 인사한다고 혼내시는 분도 계셨다. 하지만 하나같이 하얀 가운을 입고, 안경을 맞추는 우리 부부의 모습에 기특해하고 놀라움을 금치 못했다.

그날 오후 모든 봉사를 마치고 가까운 친척 중 유일하게 고향에 살고 계신 당숙 할머님께 인사를 드리러 찾아갔다. 당숙 할머님은 당시 연세가 103세가 되신 마을의 최고령 어른이셨다. 방문을 열고 들어가자 할머님은 불편한 몸을 일으키시며 우리를 맞이해 주셨다. 할머님의 눈에는 원래 그러신지 아니면 우리 때문에 그러셨는지 알 수 없는 눈물이 맺혀 있었다.

"니가 종월이여? 예수 믿는다구? 의사 선상님 되었다구?"

"의사가 아니구요. 안경을 맞춰 주는 안경사예요."

할머님은 나의 대답에는 아랑곳 않고 말씀하셨다.

"좋은 일이 났구만. 어찌 이렇게 좋은 일이 일어날 수 있냐? 니 애비를 내가 잘 알지. 좋아하겠다. 놀라겠다. 하나님이 좋은 일을 해주셨어."

두서없이 말씀하시는 할머님의 이야기를 다 알아들을 수는 없었지만 종월이가 예수 믿는다고, 좋은 일한다고 매우 감격스러워하시는 것이 분명했다. 할머님은 오래전부터 예수님을 믿고 신앙생활을 잘 해오셨다고 한다. 가족들과 나라를 위해서 기도하며 남은 생을 보내실 만큼 신앙이 좋은 분이시다. 그런 할머님이 내가 예수를 믿고 마을에 예수님의 사랑을 전하러 왔다고 하니, 감격하고 좋아하시는 것이다. 특히 내 아버지를 비롯해 가족 내력을 세세히 알고 계셨기 때문에 더욱 놀라워하셨다.

고향에서의 봉사를 마치고 돌아오는 그날은 발걸음이 이루 말할 수 없이 가벼웠다. 40년간 지고 있던 무거운 돌덩이를 내려놓은 것 같았다. 감상에 젖어 있는 내게 아내가 한마디 던졌다.

"도대체 어렸을 때 어떻게 살았기에 지금 당신 모습 보고 다들 놀라기만 해요? 다들 기적이 일어난 것처럼 우리를 보던데요?"

그랬다. 나에 대한 마을 분들의 반응은 하나같이 경이로움 그 자체였다. 일어날 수 없는 기적이 일어난 것처럼 우리를 맞이하셨다.

도대체 어떻게 이 모든 일이 일어났단 말인가? 어떻게 이 모든 일이 가능하다는 말인가? 단언컨대 하나님이 아니면 그 해답을 찾을 수 없다. 하나님의 역사만이 내 인생의 신비에 대한 답을 줄 수 있다. 우리 주님은 버림받은 나를 찾아오셨다. 그리고 당신의 도구로 사용하셨다. 각본, 연출, 주연 모두 하나님이시다.

형제들아 너희를 부르심을 보라 육체를 따라 지혜로운 자가 많지 아니하며 능한 자가 많지 아니하며 문벌 좋은 자가 많지 아니하도다. 그러나 하나님께서 세상의 미련한 것들을 택하사 지혜 있는 자들을 부끄럽게 하려 하시고 세상의 약한 것들을 택하사 강한 것들을 부끄럽게 하려 하시며 하나님께서 세상의 천한 것들과 멸시 받는 것들과 없는 것들을 택하사 있는 것들을 폐하려 하시나니

※ 고린도전서 1: 26-28

나 같은 사람도 택함받아 쓰임받고 있다면 이 세상에 주님이 고치지 못할 사람은 아무도 없다. 주님의 도구가 되지 못할 사람은 없다. 해결책은 오직 주님께 있다.

사랑의 열매

열매를 보면 그 나무를 알 수 있다. 주님께서 역사하시는 우리 부부의 봉사 가운데 아름다운 열매들이 많이 맺혔다.

봉사를 마치고 나면 많은 분들이 잘 보인다며 기뻐하신다. 벽에 걸려 있는 손자 사진을 제대로 보게 되었다며 좋아하시고, 이제 자신도 공부 좀 해야겠다는 분도 계신다. 태어나서 처음 안경을 써본다는 장애우도 있었다. 그는 이제까지 뿌연 세상에 살면서도 다들 그렇게 사는 줄 알았다고 한다. 안경을 맞춘 후 뚜렷한 세상을 보게 되었다며 다시 태어난 기분이라고 했다. 잘 보이지 않던 눈이 보이게 되면 그 변화는 다른 어떤 변화보다도 뚜렷하게 나타난다. 삶에 자신감이 생긴다. 책을 보고 사람들을 대하는 것도 두렵지 않게 된다. 시력만 좋아져도 새 세상이 열린다. 뿐만 아니라 우리의 봉사를 계기로 활기찬 교회 분위기가 만들어지고 교회와 마을 주민들과의 관계도 훨씬 친밀해졌다.

경북 군위에 있는 내리교회에서는 우리가 봉사를 다녀간 이후에 아래와 같은 편지를 보내왔다.

내리교회의 100년 동안 이런 선교는 없었습니다. 목회자 입장에서 가장 놀라운 점은 마을에서 교회 일에 이렇게 나선 적이 없다는 점입니다. 부녀회 스스로 점심을 준비한 적이 없었거든요. 그리고 그들 스스로 교회 일에 참여하겠다고 한 것은 놀라운 변화입니다. 스님도 와서 안경을 맞추었습니다. 스님 부인은 교회에 나온다고 합니다.

— 2004년 3월 23일 내리교회 이대봉 목사

무엇보다도 우리의 섬김을 통해 생기는 가장 큰 열매는 구원의 역사다. 우리가 봉사하고 간 교회들마다 적어도 20명 이상씩 복음을 듣게 되는 일들이 일어났다. 그중 적게는 두어 명에서 많게는 십여 명까지 예수님을 영접했다. 어떤 곳에서는 무당이 안경을 맞추고 난 뒤 예수님을 믿게 된 경우도 있었다. 영모가 사역하는 교회 청년들과 함께 2002년부터 2004년까지 여름마다 찾아갔던 해남 땅끝마을에서는 27명이 예수님을 구주로 영접하였다. 또 경북 영양에서는 110명이 예수님을 영접하는 기적이 일어났다. 이 밖에도 복음을 전할 환경이 열리게 된 일들을 생각하면 우리 가정을 통해 상상치 못한 일을 하나님께서 이루어 가심을 느낀다.

> 천국은 마치 사람이 자기 밭에 갖다 심은 겨자씨 한 알 같으니 이는 모든 씨보다 작은 것이로되 자란 후에는 풀보다 커서 나무가 되매 공중의 새들이 와서 그 가지에 깃들이느니라
>
> ✳ 마태복음 13:31-32

하나님은 우리의 작은 섬김을 통해서 많은 일들을 이루신다. 겨자씨보다 작은 우리 부부의 믿음으로 많은 사람들이 예수님의 사랑을 만나고 있는 것이 참으로 감사하다.

배움의 끝은 없다

김천대학 안경광학과를 졸업한 지 1년 후이자 안경 선교를 시작한 지 6개월 뒤인 2003년 봄에 우리 부부는 학사 편입을 결심했다. 전문

초당대학교 안경광학과 동문 MT

대학을 졸업하긴 했지만 학사모를 써보지 못한 아쉬움이 있었고, 안경으로 봉사하기 위해서는 좀 더 공부를 해야겠다는 생각이 들었다. 시험을 보고 편입하는 것은 도저히 엄두가 나지 않아 만학도와 직업인을 우대하여 무시험으로 편입할 수 있는 학교를 알아보았다. 4년제 안경광학과가 있는 학교는 많지 않았다. 그중에서 전라도에 있는 초당대학교가 우리의 조건과 맞았다. 특히 이 학교는 서울에 분교를 두고 있어서 지방에 내려가지 않고 수업을 들을 수 있었다. 그렇게 해서 2003년 초당대학교에 편입했다. 일주일에 이틀은 수업을 들으며 생업과 봉사를 병행했다. 예전에 김천까지 다니며 공부한 경험이 있었기 때문에 서울에서 수업을 듣는 일은 어렵지 않았다.

드디어 2005년 2월 22일 초당대학교를 졸업하며 꿈에 그리던 학사학위를 손에 거머쥐었다. 자식들은 졸업식에 참석해 학사모를 하늘 위로 날려 보라고 했지만 쑥스러워 졸업장과 학위증만 받아 왔다.

1999년 이후부터 계속 다니던 학교를 다니지 않으니까 매우 허전하였다. 봉사와 사업장 일로 충분히 바빴지만 더 공부하고 싶은 마음은 좀처럼 사그라지지 않았다. 그렇다고 젊은 학생들처럼 어려운 대학원 공부를 할 용기는 나지 않았다. 그렇게 2년이 흘러가고 있는데 딸 영신이가 괜찮은 제안을 했다. 요즘 대학들은 일반인들을 대상으로 사회교육원이나 최고경영자과정을 운영하니 한번 알아보라고 했다.

그때 마침 신문에 명지대에서 기독인 최고경영자과정을 연다는 기사를 보게 되었다. 6개월 과정이고 일주일에 한두 번 저녁 시간에 참석하여 수업을 들을 수 있었다. 기독인 최고 경영자들을 대상으로 한다는 사실이 마음에 들었다. 수업 내용도 알차고 강사들 수준도 매우 높다고 하였다. 하지만 입학 조건이 조금 까다로웠다. 최고경영자과정에 들어가기 위해서는 그룹 CEO나 사회에 기여한 바가 있는 저명인사이어야 했다. 나같이 평범한 사람이 들어가기에는 문턱이 높아 보였다. 그러나 포기하지 않고 원서를 넣기로 했다. 이제까지 그래왔던 것처럼 두드리고 찾으면 방법과 길이 열리지 않겠는가? 하나님의 뜻이라면 공부할 수 있는 길이 열릴 것이라는 확신이 있었다. 원서를 넣을 때 '사회적 기여'란을 채우기 위해 그동안 봉사했던 자료와 신문 기사를 첨부하였다. 학력이나 경제력은 부족하지만 사회봉사를 꾸준히 해오고 있었기 때문에 참고가 되리라 생각했다. 감사하게도 입학 허가가 떨어졌다.

명지대에서 공부했던 6개월의 시간은 우리 부부에게 큰 격려가 되었다. 매주 저명한 강사들의 강의 내용도 매우 감명 깊었고, 무엇보다 이곳에서 만난 분들은 하나님께서 우리 부부에게 주신 특별한 선물이었다. 명지대에서의 만남을 계기로 우리 부부의 비전과 봉사가 새로이 업그레이드되었다.

6개월의 명지대 최고경영자과정을 마치고도 기회를 찾아 계속 배움의 길을 걸어가고 있다. 밤이건 새벽이건 배울 수 있는 기회가 있으면 조금 무리해서라도 도전했다. 2009년부터는 금요일 새벽마다 하는 멘토링 세미나에 참여하여 지금까지 계속 배우고 있다. 감사하게도 우리 사회에는 수많은 교육 기회가 있다. 삶이 바빠서 시간을 낼 수 없다는 핑계를 댈 수도 있지만, 생각을 조금만 바꾸고 도전한다면 충분히 배우고 성취할 수 있는 기회가 있다. 우리 부부가 오랫동안 봉사의 삶을 살 수 있었던 원동력 중의 하나가 부단히 배우고 채우는 데 있었다. 줄 것이 없는데 줄 수는 없는 노릇이다. 끊임없이 내면을 채워야 끊임없이 나눌 수 있다. 배우다 보면 나의 부족함도 알게 되고 새로운 시각과 관점도 열리게 된다. 무엇보다 가치 있는 인생을 살아야겠다는 동기부여를 끊임없이 받게 된다. 많은 사람들이 지금 자신의 인생이 불행하다고 느끼면서도 그냥 그 자리에 안주하고 있다. 하지만 배우면서 동기부여를 받으면 변화의 몸짓을 하게 된다. 무엇인가 새롭게 도전해 보면서 가치 있는 인생을 만들어 보려고 행동을 취하는 것이다.

요즘 나는 멘토링에 대해 배우면서 다른 사람들의 말을 '잘 듣지 않는' 뿌리 깊은 버릇을 버리려고 노력하고 있다. 가족들이나 주변 사람들과 대화하다 보면 듣기보다는 말하고 있는 내 모습을 발견한다. 배우기 전에는 그것이 잘못인지 몰랐다. 그보다 더 좋은 대화법이 있는 줄도 몰랐다. 하지만 멘토링에 대해 배우다 보니 말하는 것보다 '경청'하는 것이 더 멋진 대화법임을 깨달았다. 깨닫고 나니 깨달은 대로 변화해 보려고 노력하는 것이다. 물론 하루아침에 60년 된 습관이 고쳐지지는 않을 것이다. 하지만 내 안에 계신 성령께서 나를 성화시켜 주시고 견인하시니 그분을 의지하며 의미 있는 작은 도전을 하고 있다.

이렇게 말하면 많은 분들이 시간이 없어서 규칙적으로 모임에 참석할 수 없다고 말할 것이다. 정 그렇다면 책을 많이 읽을 것을 권한다.

우리 부부는 같이 수업을 듣고 봉사와 사업을 하면서도 매주 책 한 권은 꼭 읽으려고 노력한다. 물론 일주일에 두세 권씩 읽는 분들도 있지만 매주 한 권도 적은 분량이 아니다. 그렇게 독서를 실천하면 1년에 52권이나 된다. 1년 동안 52명의 인생을 보고 52개의 철학을 배운다. 이 가운데서 배우고 깨닫는 지식은 내 삶의 중요한 자산이 됨은 두말할 필요가 없다.

앞으로도 배우는 일을 멈추지 않을 것이다. 이 땅에서 우리가 해야 할 사명 중 하나가 성화이기 때문에 내 인격과 내면을 변화시키기 위해서 계속 배울 것이다. 이미 다 가졌다고 생각하지 않고 나를 부인하는 일을 계속할 것이다. 그리고 무엇보다도 아내와 함께 그렇게 할 것이다.

그래? 봉사하기 쉬운 곳으로 이사 가지, 뭐

2006년 봄, 봉사를 마치고 서둘러 서울로 향하고 있었다. 장시간 고속도로 운전을 했기에 몸은 지칠 대로 지쳐 있었다. 다른 때 같으면 봉사를 한 그 지방에서 하루 더 자고 편히 쉰 상태에서 돌아왔을 텐데 요즘은 그렇게 하지 않고 있다. 집을 떠나 모텔이나 여관에서 자는 것이 마음이 편치 않기 때문이다. 조금 멀고 힘들어도 내 집에서 자는 것이 더 좋다.

동서울 톨게이트를 빠져나와 집이 있는 휘경동으로 향했다. 막히지 않으면 넉넉잡아 30분이면 간다. 하지만 서울 거리는 그날도 어김없이 막혔다. 3시간여 고속도로를 달리고 나서 꽉 막힌 서울 거리를 바라보고 있자니 마음이 좁아지는 듯했다. 적어도 앞으로 1시간은 가야 했다. 아내도 짜증이 나는지 투덜댔다.

"뭔 놈의 차들이 이렇게 많아. 서울은 살 곳이 못 돼."

"우리 경기도 쪽에 조용한 전원주택이라도 얻어 이사할까?"

"조용한 것도 하루 이틀이지. 당신, 심심해서 살겠어요?"

삭막한 도시인들이라면 한 번쯤 꿈꾸어 보았을 전원주택을 우리도 떠올리고 있었다. 하지만 그리 간단한 일은 아니다. 재정이 넉넉해서 서울에 자기 집을 두고도 여유 자금으로 전원주택을 마련하는 사람은 있어도 삶의 터전을 통째로 바꾸는 것은 쉽지 않은 일이다. 사람 관계, 사업장, 교회 등 모든 것에 변화가 오기 때문이다.

하지만 봉사를 하면 할수록 이사에 대한 소망이 커졌다. 우리가 봉사하는 지역들 대부분이 시골 마을이기 때문에 한 번 다녀오려면 체력 소모가 이만저만이 아니었다. 내일모레면 환갑인 나이에 3시간 이상 연속으로 운전하는 일은 아무래도 무리였다. 집이 경기도 남쪽 부근이라면 이동 시간을 많이 줄일 수 있을 것이었다. 특히 많은 시간을 서울의 도로 위에서 보내기 때문에 수도권을 벗어나기만 해도 훨씬 수월할 것 같았다.

매번 봉사를 마치고 서울에 들어설 때마다 이사에 대한 소망이 커졌다. 처음에는 '봉사 때문에 이사'를 하는 일은 생각도 못했는데 점점 안경 선교가 삶의 중심으로 자리 잡기 시작하자 심각하게 고려하게 되었다.

2006년 가을, 아내와 둘이 전라북도 순창의 아버지 산소를 방문하고 올라오는 길이었다. 산소 앞에서 그동안의 삶도 돌아보고 앞으로의 신앙생활에 대해서도 묵상하는 시간을 가지고 서울로 돌아오고 있었다. 우리는 중부고속도로를 이용해 올라오고 있었는데 '이천'이라고 적힌 표지판이 눈에 들어왔다. 조용히 옆에 앉아 있던 아내는 표지판을 보자마자 대뜸 말했다.

"여보, 우리 이천에서 살면 어떨까요? 예전에도 이천이 교통은 좋다고 했잖아요. 우리 내려온 김에 한번 둘러 봐요. 혹시 우리가 생활할 만한 집이 있을 수 있잖아요."

안 그래도 마음이 조금 울적한 상태라 아내의 말에 귀가 솔깃했다. 우리는 경기도 이천으로 방향을 정했다. 톨게이트를 빠져나가자마자 제일 처음으로 보이는 부동산에 들어갔다.

"저, 혹시 미니버스를 세워둘 만한 농가 주택이 없습니까?"

"아! 아주 좋은 집이 있어요. 아직 임자를 찾지 못해서 가격이 싸게 나와 있는데 한번 보실래요?"

부동산 아저씨는 기다렸다는 듯이 소개를 하는 것이었다. 우리 부부도 주저함 없이 말했다.

"그럼 지금 한번 봅시다."

우리는 부동산 주인과 함께 그 집에 가보았다. 70세가 넘은 할아버지께서 홀로 사시는 집이었다. 할아버지는 병 치료 때문에 이사를 해야 한다고 하셨다. 집주인 할아버지께 집을 내놓으신 여러 가지 상황 얘기를 듣고 나서 우리는 망설임도 없이 대답했다.

"바로 우리가 찾는 집이군요. 계약을 하죠."

모든 일이 순식간에 일어났다. 당시 함께 살고 있는 아들네와 한마디 상의 없이 모든 일을 일사천리로 진행했다. 들뜬 마음으로 서울에 올라와 아들 부부에게 이야기하니 매우 당황스러워했다. 아들은 어이가 없다는 듯 말했다.

"아니, 지금 농담하시는 거죠? 다른 일도 아니고 이사하는 일을 밥 먹을 식당 찾는 것처럼 결정하시면 어떻게 해요?"

이렇게 하여 아무런 연고도 없는 이천으로 이사 오게 되었다. 안경 선교 봉사 때문에 이사까지 할 줄은 꿈에도 몰랐다. 갑작스럽게 이천으로 이사 온 우리 부부는 그곳에서 또 한 번 새로운 인생을 맞이하게 되었다. 모든 삶이 봉사와 섬김으로 채워지게 된 것을 의미했다. 예전에는 안경 선교 봉사가 파트타임이었다면 이제 풀타임이 된 것이다. 지금도 우리 부부는 이천으로의 이사를 '성령님의 몰아붙이심'이라고 말한다. 사도행전 16장에서 성령님이 아시아로 가려던 바울을 마게도니아로 몰아붙이셨던 것처럼 우리를 몰아붙이셨다. 선한 동기와 관심이 우리를 성령님의 음성에 순종하게 한 것이다.

　이사 오면서 한 가지 더 감사한 것이 있다. 사실 우리 부부는 결혼 이후 둘만의 장소를 가져 본 적이 없었다. 결혼 내내 처가 식구들과 함께 지냈고, 처가 식구들이 분가한 뒤에도 결혼한 아들 부부와 한 집에서 살았다. 하나님은 신혼 생활을 누려 보지 못한 우리 부부에게 이제야 즐겁고 여유로운 결혼 생활을 보상해 주시는 것 같았다. 우리 부부만 있는 이천 집에서 속옷 차림으로 마음껏 눕기도 하고, 아무런 방해 없이 편안하게 보낼 수 있다.

　이천 집은 마을 가운데 있는 150평 땅에 2층으로 된 벽돌집으로, 1층은 다용도 창고로 사용하고 2층은 입식 생활공간이다. 심야 전기로 더운물을 항상 사용할 수 있다. 이사 후 집을 더 튼튼하게 수리했

▬▬ 아내와 함께한 태국 여행. 하나님은 우리 부부의 잃어버린 신혼까지 회복해 주셨다.

는데 내부 시설만 고쳐서 깔끔하게 만들었다. 뒤뜰과 옆 마당에는 아내가 부지런히 나무도 심고 잔디도 깔았다. 배추를 심어서 김치도 담갔다. 고추, 상추 등 간단한 채소를 손수 가꾸어 먹는 재미도 쏠쏠했다. 새소리와 새벽에 닭 우는 소리 등 자연과 함께 사는 것이 즐거웠다. 요즘은 일부러 전원주택을 사기도 하는데, 하나님은 우리 부부의 섬김이 대견하셨던지 생각지도 않은 전원주택에 살게 하신 것이다.

무엇보다 이천은 지방으로 자주 안경 봉사하기에 가장 적합한 도시다. 우리가 새로 거주한 집은 이천 톨게이트에서 5분밖에 걸리지 않는 곳이다. 또한 이천은 영동고속도로, 중부고속도로, 중부내륙고속도로와 연결되어 있고, 중앙고속도로와 경부고속도로가 인접해 있는 사통팔달의 교통의 요지다. 그동안 먼 지방까지 봉사를 다니면서 서울로 돌아오는 것이 힘들어 중간에 쉬고 여관에서 자는 날이 많았다. 하지만 이천에서는 어지간한 시골은 당일에 다녀올 수 있다. 그리고 안경원이 있는 서울 테크노마트까지도 50분이면 갈 수 있다. 앞으로 지하철까지 개통된다고 하니 이만한 곳이 어디 있겠는가?

이천으로 이사 오면서 가장 고민이었던 문제가 교회를 옮기는 것이었다. 나를 키워 주고 장로로 장립시켜 준 교회를 옮기는 것은 쉬운 일이 아니었다. 마침 담임 목사님이 은퇴를 하시고 새로운 목사님이 부임하는 시점이어서 그나마 결단을 내리는 것이 용이했다. '새로운 목사님이 새로운 인물들과 마음껏 목회를 하시도록 옛사람은 빠져 주는 것이 좋다'고 스스로 위로하며 이천으로 신앙의 터전을 옮기게 되었다. 감사하게도 이천에서 은광교회라는 좋은 교회를 만나 섬길 수 있게 되었다. 특히 이천 은광교회는 복지 분야에도 관심이 많아 사회복지 시설을 운영하고 있고 우리 부부의 안경 선교도 격려해 주셨기 때문에 협력하여 일할 수 있게 되었다.

'희망나눔센터'의 설립

이천으로 이사 오면서 봉사는 더욱 활기를 띠었다. 서울까지 올라오지 않아도 되기에 체력 부담이 줄어들었다. 그래서 2007년부터는 한 번 봉사를 나가면 두 군데 이상 봉사를 하고 돌아오곤 했다. 가까운 지역 두 곳을 선정해서 각각 하루씩 봉사를 하고 돌아오는 방법을 취했다. 서울에 올라오지 않게 되어 시간을 벌었기 때문에 그만큼 하루를 더 활용하는 것이다. 우리 부부의 삶은 점점 더 안경 선교 봉사 위주로 바뀌어 갔다.

자기 직업을 가지고 파트타임으로 선교를 하거나 봉사를 하시는 분들을 유심히 살펴보면 점점 더 많이 섬기는 방향으로 삶이 바뀌는 것을 볼 수 있다. 봉사를 하면 할수록, 선교를 하면 할수록 그 일에서 얻는 기쁨이 너무도 크기 때문이다. 비싸고 좋은 차를 타면 싸고 후진 차에 관심이 생기지 않는 것처럼 인생의 가치 있는 일을 하게 되면 의미 없는 일들은 쳐다보지 않게 된다. 반면, 더욱 가치 있는 일에 자신의 인생을 몰입하게 된다. 왜 사람들이 땅 몇 평에, 주식 몇 주에, 돈 몇 푼에 목매는 삶을 사는가? 진짜 가치 있고 행복한 인생을 맛보지 못했기 때문이다. 우리 부부도 마찬가지였다. 과거에는 나누는 삶이 얼마나 행복한지 알지 못했다. 많이 소유해야 행복할 것이라 착각했고, 그래서 움켜쥐려고만 하는 삶을 살았다. 처음 봉사를 시작할 때도 마찬가지였다. 이런 섬김의 삶이 도리어 내 인생을 풍요롭게 만든다는 사실을 잘 알지 못했다. 설교 말씀이나 간증을 통해서 베푸는 삶이 더욱 기쁘다는 이야기를 귀에 못이 박히도록 들어왔지만 그 생수를 직접 마셔 보기 전까지는 내 인생에 아무런 변화도 얻지 못했다.

그러나 봉사의 첫 삽을 뜨고 조금씩 그 맛을 알게 되자 삶의 패턴이 진정한 기쁨을 추구하는 쪽으로 완전히 바뀌기 시작했다. 마치 봉사 중독자처럼 이웃을 섬기고 그리스도의 사랑을 전할 수 있는 일에 전념하는 방향으로 살게 되었다. 어떤 분들은 우리 부부가 봉사를 위해 재정적으로, 시간적으로 헌신한 것에 초점을 맞추어 대단한 사람처럼 바라보기도 하지만 실상은 그렇지 않다. 오히려 봉사가 우리 부부를 더욱 행복하게 해주고, 다른 어떤 것보다 더 큰 기쁨을 주기 때문에 하는 것이다. 우리는 결코 성자가 아니다. 힘든 일을 억지로 할 수 있는 강력한 의지를 가진 사람이 아니다. 그저 성경이 말하고 있는 참된 기쁨을 조금 맛보았고 그 기쁨을 추구하는 '성경 기쁨주의자'이다. 이를 위해 삶을 변화시키고 재편하는 것이다. 생활 습관, 주거 환경, 시간 안배, 지출 항목 등 모든 것이 그 기쁨 때문에 바뀌는 것이다.

우리 부부는 내친김에 이천 집 1층을 안경 나눔 센터로 꾸며 보기로 했다. 일주일에 한두 번 찾아가는 봉사도 하지만, 필요가 있는 사람이 찾아와서 안경을 맞추고 가도록 하자는 취지였다. 고아원, 양로원, 장애우 시설 등 사회복지시설뿐만 아니라 도움이 필요한 곳이면 어디든 단체로 와서 시력을 검사하고 안경을 맞출 수 있도록 시설을 꾸몄다. 고정 시설을 꾸리자면 안경원 하나를 오픈하는 것과 같은 장비가 들어간다. 그런데 마침 테크노마트에서 운영하던 안경원 두 곳 중 하나를 정리하게 되어 그곳의 시설을 그대로 옮겨왔다. 이름도 '희망나눔센터'라고 지었다. 이렇게 해서 2008년 5월 '희망나눔센터'가 탄생하게 되었다. 안경원 하나를 정리하는 아쉬움이 있었지만 그 바람에 '희망나눔센터'가 세워지는 축복을 누리게 되었다. 아직 이 센터가 적극적으로 활용되고 있지는 않지만 앞으로 하나님의 일에 귀하게 사용되리라 믿는다.

이제 우리 부부에게서 안경 선교 봉사를 빼면 송장이나 다름없다. 처음에 호기심으로 시작한 일이 우리 부부의 사명과 주업이 되었다. 집도 선교 봉사를 위해 이사했고, 집 자체도 안경 전도를 위한 희망나눔센터가 되었다. 가장 많은 시간을 안경 선교를 위해 쏟으며 거의 모든 재정도 여기에 사용하고 있다. 이제 만나는 사람 대부분이 안경 선교와 관련된 분들이다. 우리 자녀들은 이 섬김을 자랑스러워하며 본인들도 그렇게 섬기며 살기 위해 노력하고 있다. 손자, 손녀들은 조금 더 크면 할아버지, 할머니와 함께 안경 봉사 하겠다며 기대하고 있다. 그야말로 안경 선교 가정이 된 것이다.

만나는 사람, 나누는 이야기가 그렇다 보니 더욱더 봉사와 섬김의 기회들이 많이 주어진다. 이곳저곳에서 함께 봉사하자는 제안도 있고, 재정을 후원하거나 안경을 후원하겠다는 분들도 만나게 되었다. 2009년부터는 '사랑의 은행'(재단법인 장기·재산기증협회)의 이사로도 활동하게 되었고 조금씩 북한과 해외 봉사에도 눈을 돌리게 되었다. 주님을 영접한 이후부터 새로운 일들이 끊임없이 내 앞에 펼쳐지고 있다.

너희는 이전 일을 기억하지 말며 옛날 일을 생각하지 말라 보라 내가 새 일을 행하리니 이제 나타낼 것이라 너희가 그것을 알지 못하겠느냐 반드시 내가 광야에 길을 사막에 강을 내리니

✻ 이사야 43:18-19

한 알의 밀이
땅에 떨어져 죽으면

나눔은 선택이 아니라 필수

작은 봉사지만 나눔을 준비하고 진행하면서 몇 가지 깨달은 사실
이 있다. 이 책을 보면서 봉사에 대한 꿈을 꾸게 되었거나, 그동안 바
람은 있었는데 실천에 옮기지 못한 분들을 위해 깨달은 바를 나누고
싶다.

봉사를 하면서 깨달은 첫 번째 사실은 재정과 시간 그리고 노동
을 들여서 하는 나눔과 섬김은 꼭 해야 하는 일이라는 것이다. 7년
간 1만4000여 명의 사람들에게 안경을 맞추어 주었지만 지금 내가
섬긴 것 이상으로 더 많은 도움의 손길이 필요함을 느낀다. 지금도
찾아와 달라는 곳이 넘쳐 난다. 단지 안경 하나를 나누는데도 이런
요구가 있다면 세상에는 크고 작은 도움이 필요한 일들이 무궁무진

할 것이다. 더욱이 국민소득 2만 달러의 OECD 국가인 한국의 실정이 이렇다면 지구상에서 도움을 필요로 하는 곳은 이루 말할 수 없이 많을 것이다.

도움을 필요로 하는 사람은 자신의 필요를 채우는 것이 '필수적'이다. 그런데 나눌 여유가 있는 사람들에게 나눔이 '선택적'이 된다면 사회의 아픔은 좀처럼 사라지지 않을 것이다. 왜 사람들은 나눔을 선택이라고 생각하는가? 사람들은 '내가 나누어 줄 수 있는 사람'을 찾기 때문이라고 생각한다. 나눔에 있어서도 '내'가 주어가 되기 때문에 나의 선택에 따라 나누는 것이다. 하지만 주님은 '도움이 필요한 사람'을 찾으라고 하신다. 예수님을 시험하기 위해 찾아온 율법사에게 예수님은 선한 사마리아 사람의 비유를 드셨다. 율법사는 "내 이웃이 누구입니까?"라며 '나'의 이웃을 찾았는데 예수님은 다음과 같이 반문하셨다. "도움이 필요한 사람의 이웃이 누구겠느냐?"

자기중심적 섬김과 타인 중심적 섬김의 차이를 명확히 보여 주는 대목이라고 생각한다. 우리 부부도 처음에는 우리가 도울 수 있는 사람을 찾았다. 그러다 보니 나눔이 선택이 되었다. 우리가 필요하면 섬기고 필요하지 않으면 포기할 수 있는, 그야말로 이기적인 나눔이었다. 하지만 봉사를 하면 할수록 진정한 섬김이란 나의 필요가 아닌 상대의 필요에 집중하는 것임을 깨닫게 되었다. 그리할 때 열매를 맺게 된다. 상대에게 필수라면 나에게도 필수가 되어야 한다. 그래야만 수많은 사람들의 고통이 줄어들 것이다.

그러나 무엇보다 나눔의 삶이 필수인 이유는 주님께서 나누는 삶을 살라고 명령하셨기 때문이다. 언젠가 신문에서 이런 칼럼을 읽은 적이 있다. '현대 크리스천들은 성경 말씀을 교통법규 수준으로도 지키지 않는다.' 하나님의 말씀이 진리라면 핑계를 대서는 안 된다. 내가 부하든 가난하든, 시간이 있든 없든 하나님 말씀에 지금 이 순간 순종하는 것이 필요하다. 이럴 때 기적이 나타나고 역사가 나타난다.

많은 사람들이 이 글을 읽고 나눔을 삶의 필수 요건으로 받아들이면 좋겠다. 그래서 이제는 나눔이 특별한 선한 일로 인정받지 않는 세상이 오면 좋겠다.

내게 주신 달란트로 시간을 들여서

당연한 이야기겠지만 자기에게 있는 것으로 나누고 섬기는 것이 쉽고 즐겁고 오래간다. 우리 부부는 안경광학을 전공했고 안경원을 운영하기에 안경으로 섬기게 되었다. 안경을 구하고 맞추어 드리는 일이 우리 부부에게는 어렵지 않은 일이다. 만약 우리 부부더러 의료봉사를 하라고 하면 불가능할 뿐만 아니라 불법이 될 것이다. 하지만 항상 보고 듣고 접하는 것으로 섬기니 나누기도 쉽고 무리가 되지 않는다.

누구나 하나님이 주신 달란트를 소유하고 있을 것이다. 첫째는 자신의 직업이 달란트다. 자신의 직업과 관련하여 나눔을 계획해 보는 것은 가장 접근하기 쉽고 바람직하다. 그 직업이 존재한다는 것은 그 직업에 관계된 필요가 있다는 뜻이기 때문에 반드시 혜택을 필요로 하는 사람들이 있을 것이다. 그들을 효과적으로 섬길 아이디어를

짜고 실행해 보기를 권하고 싶다.

사람은 누구나 저마다의 달란트를 가지고 있다는 것이 성경의 가르침이다. 주님께서 주신 달란트라면 나중에 반드시 그만큼 남겼는지를 물으실 것이다. 자신의 달란트를 가지고 봉사해 보라! '차고 넘치는 역사'가 일어날 것이다.

또 한 가지 기억할 것은 시간을 들여서 나누라는 것이다. 이제는 우리 사회도 나누는 삶을 살 수 있는 여건들이 다방면으로 갖추어지고 있다. 나눔이 필요한 복지회와 시민 단체들이 많이 있고, 특히 방송 매체에서 나눔을 독려하고 있다. ARS, 자동이체 등을 통해 쉽게 기부할 수도 있다. 그러다 보니 전화 한 통이나 정기적인 기부를 나눔의 마지노선으로 여기는 경우도 있다. 심지어는 정기 후원금 자동이체를 신청해 놓고 책임을 다한 것처럼 생각하기도 한다. 물론 이런 나눔도 반드시 필요하며 또한 중요하다. 하지만 나눔이 주는 더 큰 기쁨을 누리기 위해서는 시간을 들여야 한다. 시간을 들여 기도하고 헌신할 때 더 큰 기쁨과 열매가 맺히게 된다.

노숙자들에게 식사를 제공하는 단체에 기부하는 것도 보람된 일이지만, 직접 시간을 내서 나가 봉사해 보자. 재정만으로 도울 때와는 비교할 수 없는 보람을 느끼게 될 것이다. 특히 요즘처럼 시간에 인색한 시대에 시간을 내서 봉사할 사람들이 더욱더 필요하다.

우리 부부가 오래 봉사할 수 있는 것도 부부가 직접 시간과 힘을 들여 사람들을 만나고 접촉하기 때문이다. 만나서 함께 이야기를 나누며 그분들과 하나 될 때 지속적으로 동기부여를 받는다. 만약 단순히 안경만 보내거나 돈만 보냈다면 이렇게 오래 하지 못했을 것이다. 나눔을 꿈꾼다면 시간을 들일 것을 작정하길 바란다. 시간을 들여 관계를 맺는 나눔일 때 봉사를 오래 지속할 수 있다.

부부가 함께 봉사하며 사랑하며

우리 '큰빛부부안경선교회'의 가장 큰 장점이 있다면 바로 '부부'가 함께한다는 것이다. 각자 따로 봉사해도 칭찬받고 부러움을 살수 있겠지만, 부부가 함께하기 때문에 더 큰 격려와 부러움을 산다. 가족과 성도들 보기에도 좋고, 불필요한 오해들을 없앨 수 있다. 무엇보다 시간이 지날수록 부부 금슬이 좋아지게 된다.

요즘 많은 중년 부부가 갈등과 분열 속에서 살아가는 것을 볼 수 있다. 남편의 삶과 아내의 삶이 따로 있다. 그저 한 지붕 아래에서 함께 산다는 것뿐이지 마음과 삶을 나누지 못한다. 아마 우리 부부도 함께 공부하고 봉사하지 않았다면 각자의 삶을 살았을지도 모른다. 아내는 안경원 일에 열중하고 나는 부동산 일에 열중했을 것이다. 그러면 만나는 사람도 제각각이고 관심도 제각각이었을 것이다. 하지만 함께 공부하고 안경 봉사를 다니니, 만나는 사람과 관심이 하나가 되었다.

그렇다고 우리 부부에게 갈등이 없는 것은 아니다. 여전히 서로 대립하며 으르렁거릴 때가 있다. 하지만 우리는 '함께함'을 통해 갈등을 해결하고 사랑과 화평을 회복한다. 단지 법적인 하나 됨이 아닌, 성경이 말하는 진정한 하나 됨을 경험하며 살고 있다. 예수님을 믿고 봉사를 하면서 일어난 가장 큰 변화 중 하나는 아내가 더 사랑스럽게 느껴진다는 것이다. 우리 부부는 완전히 '찰떡 부부'가 되었다. 어디를 가든 함께 간다. 학교도, 봉사도, 등산도 함께 간다.

예전에 교회에서 가정의 달을 맞이하여 부부 관계 세미나를 한 적이 있다. 그때 강사님이 이렇게 물으셨다.

"여러분 중에 다시 태어나도 자기 남편 혹은 자기 아내와 결혼할 사람 손들어 보세요!"

좌중은 웃음바다가 되었지만, 손을 드는 커플은 단 한 커플도 없었다. 이때 우리 부부는 주위의 시선에 아랑곳하지 않고 번쩍 손을 들었다.

하나님은 부부가 함께하는 봉사를 기뻐하시는 것 같다. 그래서 시간이 지날수록 서로를 더욱 사랑하게 하시는 것 같다. 혹시 지금 부부간에 어려움을 겪고 있다면 부부가 함께할 수 있는 일을 찾아보기를 바란다. 등산이나 교회 성가대부터 시작해 보기를 권한다. 그리고 여건이 된다면 함께 나눔의 삶에 참여해 보면 좋겠다. 함께 연탄을 나르거나 함께 사랑의 집을 짓고 와보라! 이전과는 달라져 있는 부부 관계를 경험하게 될 것이다. 많은 분들이 어떤 봉사가 좋으냐고 물으신다. 그러면 빼먹지 않고 꼭 하는 대답이 있다.

"부부가 함께할 수 있는 봉사가 좋아요"

나눔에 있어 유통의 법칙

나눔의 일을 하면서 제일 많이 받는 질문이 있다.

"모든 재정을 자비량으로 하셔요? 재정을 어떻게 충당하셔요?"

즉, 재정 문제이다. 아마 나눔에 있어서 가장 망설여지는 것이 돈 문제일 것이다. 지금 나도 먹고살기 빠듯한데 어떻게 재정을 들여 나눌 수 있을까 하는 걱정이 들 것이다. 나도 처음 시작할 때만 해도 스스로 무모하다는 생각을 했다. 25인승 버스를 구입하고 봉사 차량으로 만드는 막대한 비용부터 안경테와 알 값, 그리고 기름 값 등 그야말로 돈이 있어야 봉사가 가능했다.

하지만 봉사를 하면 할수록 깨닫는 것은 하나님께서 나눌 수 있도록 계속해서 채워 주신다는 사실이다. 우리 부부가 봉사를 위해서 사업장에 들이는 시간을 줄이거나 더 많은 곳을 방문하여 많은 안경을 나눌수록 그만큼의 재정이 채워졌다. 반면 조금 어렵다고 봉사 시간을 줄이거나, 있는 범위 안에서만 봉사하려고 하면 꼭 그만큼만 채워진다.

나는 이것을 나눔에 있어서 '유통의 법칙'이라 부른다. 현재 내게 있는 것을 많이 나누면 나눌수록, 더 많이 나눌 수 있도록 하나님께서 채워 주신다. 반면 그저 있는 것 안에 머물도록 놔두면 그 이상 채워지지 않는다. 그래서 나는 누군가 어느 정도의 재정을 들여 봉사하는 것이 좋으냐고 물을 때마다 "할 수 있는 것보다 조금 더 부담되게 하라"고 말한다. 내가 할 수 있는 만큼만 하면 하나님의 채우심과 역사를 좀처럼 보기 어렵다. 하지만 내가 할 수 있는 것보다 조금 더 부담되게 하면 그만큼 더 놀랍게 역사하시는 하나님을 경험하게 된다.

더 많은 시간을 봉사하려고 사업 확장을 위해 계획했던 재정을 봉사에 투자했다. 세상의 계산법으로는 가난해져야 하는데 그렇지 않았다. 하나님께서 예상밖의 소득을 채워 주셨다. 더 많은 시간의 봉사를 하기 위해 서울 집을 버리고 이천으로 이사 갔다. 하나님께서 '희망나눔센터'를 주셨다. 섬김을 위한 삶으로 모든 것을 바꾸셨다. 그러자 지금은 각계 각처에서 후원해 주겠다는 사람을 보내 주신다.

우리의 나눔에 있어서 재정은 장벽일 수 없다. 창조주 하나님께서 모든 것을 채워 주신다. 우리가 주께서 내게 주신 것을 내 안에서 썩게 놔두지 않고 유통하기로 결단하고 실행하는 순간 놀라운 채움을 경험하게 될 것이다. 어차피 지금 있는 것도 내 것이 아니지 않은가? 성전을 준비한 다윗의 고백을 들어 보라.

나와 내 백성이 무엇이기에 이처럼 즐거운 마음으로 드릴 힘이 있었나이까 모든 것이 주께로 말미암았사오니 우리가 주의 손에서 받은 것으로 주께 드렸을 뿐이니이다

※ 역대상 29:14

나누기 위해서 배운다

7년 이상 봉사를 해오면서 깨달은 또 다른 사실은 나누는 것 못지않게 배우는 일이 중요하다는 것이다. 배움은 단지 나눔을 위해서만

이 아니라 내 인생 전반을 풍성하게 해준다. 우리 부부는 이미 늦었다고 생각할 수 있는 쉰 살의 나이에 고등학교 검정고시, 대입 검정고시를 거쳐 수능 시험을 보았다. 김천까지 전문대학을 다녔고, 졸업 후 초당대학교에 학사 편입했다. 또 명지대 크리스천 CEO 과정에 입학했다. 그 후에도 멘토링 세미나에 참석하여 지금까지도 학생으로 살고 있다. 이런 배움의 과정은 나를 겸손하게 할 뿐만 아니라 계속해서 새로운 도전을 가능하게 하고 변화시켜 주었다.

그런데 봉사를 한 지 5년이 지나면서부터 교만한 마음이 들기 시작했다. 안경 선교 봉사 분야만큼은 '내가 최초이고 최고이다'라는 생각을 가지게 되니, 다른 사람의 이야기가 귀에 잘 들어오지 않게 되었다. 누군가 봉사를 신청하면 어떻게 봉사를 준비해야 하는지 가르치려 하였다. 가끔 내가 원하는 대로 잘 준비되어 있지 않으면 짜증을 내거나 상대를 비난하는 마음도 생겼다.

하지만 이런 영적·정신적 위기 때마다 배움의 가르침들이 나를 겸손하게 하였다. 배울수록 배움에는 끝이 없고 나는 여전히 부족하다는 것을 깨닫게 되었다. 또한 예배를 통해 내게 공급되는 말씀은 내 영혼을 늘 겸손의 자리로 나아가게 만든다. 우리 부부는 매일 아침마다 함께 예배를 드린다. 가정 예배의 순서에 따라 부부가 마주 앉아 찬송하고 예배를 드린다. 이 예배를 통해 주님은 영적인 충만함을 회복시켜 주신다.

멘토링 세미나를 들을 때였다. 강사님은 재미있는 예화를 통해 경청하지 않는 자세를 지적했다.

3살짜리 어린아이가 있었습니다. 물이 담긴 컵을 들고 엄마에게 갔습니다. 컵을 내밀면서 "엄마, 엄마" 하고 불렀습니다. 엄마는 그런 아이를 향해 혼내듯 말했습니다.

"됐어, 이제 물은 그만 먹어. 자꾸 먹으면 오줌 싼다."

그러자 아이는 실망한 듯 그 컵을 들고 아빠에게 갔습니다. 신문을 보고 계신 아빠를 향해 다시금 "아빠, 아빠" 하며 컵을 내밀었습니다. 아빠는 그런 아이를 향해 쳐다보지도 않고 말했습니다. "그러다 물 엎지른다. 조심해라! 빨리 엄마한테 컵 갖다 드려!" 아빠가 무섭게 말하자 아이는 울상이 되었습니다. 그리고는 다시 컵을 들고 6살짜리 형이 있는 방으로 갔습니다. 아이는 형을 향해 컵을 내밀면서 "형아, 형아" 했습니다. 그러자 형은 갑자기 부엌으로 가더니 컵을 들고 왔습니다. 그리고는 동생이 내민 컵에 자신이 가져온 컵을 부딪치면서 '짠!' 하고 건배해 주었습니다. 그때서야 아이는 환하게 웃으며 기뻐했습니다.

예화를 듣는 순간 머리를 방망이로 맞은 듯 했다. 내 자신을 깊이 돌아보게 되었다. 남의 이야기를 듣지 않고 내 방식만 고집하는 나의 습관을 반성하였다. 만약 내게 배움의 기회가 없었다면 이런 통찰과 깨달음 없이 '고집 센 봉사꾼'이 되었을지도 모른다. 사람은 배우기를 멈추는 순간부터 후퇴하게 된다고 생각한다. 인생이란 강물을 거슬러 올라가는 배와 같아서 멈춰 있으면 물살에 떠밀려 후퇴한다. 끊임없이 배움으로 나를 채워 나갈 때 전진할 수 있다. 우리의 봉사가 계속되는 한 우리의 배움도 계속될 것이다. 아니, 배움이 계속되는 한 우리의 봉사가 계속될 것이다.

지혜로운 아들은 아비의 훈계를 들으나 거만한 자는 꾸지람을 즐겨
듣지 아니하느니라

💫 잠언 13:1

마지막 나눔, 시신 기증

2006년 봄, 가족들과 함께 예배를 마치고 차를 한잔 나누고 있었
다. 이런저런 이야기를 하다가 화제가 '장례'로 옮겨졌다. 딸 영신이
가 물었다.

"아빠, 아빠 돌아가시고 나면 매장해 드릴까요? 화장해 드릴까요?"

막상 자식이 이렇게 물어보니 섭섭함이 확 밀려왔다.

"왜? 아버지 죽으면 화장해서 뿌리려고? 자식 키워 봤자 소용이
없구만!"

"아니, 그게 아니라, 나는 산소에 모시고 싶지. 그냥 아빠 생각을
알고 싶어서."

"걱정 안 해도 돼. 매장하든 화장하든 천국 가는데 그게 다 무슨 소
용이냐? 땅덩어리도 좁은데 당연히 화장해야지."

갑자기 아들 녀석이 대화에 끼어들었다.

"아버지 시신 기증하는 건 어때요? 며칠 전에 시신 기증 운동에 대
한 기사를 봤는데 괜찮은 것 같더라고요. 저는 골수 기증을 신청했
어요."

한술 더 뜨는 아들 녀석의 말에 어안이 벙벙했다.

"에끼! 이 녀석아!"

그렇게 대화가 끝났지만 마음이 편하지를 않았다. 자식들이 했던 이야기가 가슴에 섭섭함으로 남았나 보다. 물론 부모를 잊겠다거나 효도하지 않겠다는 이야기가 아닌 것은 알지만 자식들에게 직접 '화장', '시신 기증' 얘기를 들으니 마음이 불편했다. 그 후 며칠 동안 계속해서 어떻게 죽을 것인가에 대해 고민했다. 이제 곧 환갑이 다가오고 슬슬 삶을 정리할 때가 올 텐데, 나는 어떻게 인생의 마지막을 맞이할 것인가?

그러던 중 빌립보서 2장 말씀을 읽게 되었다.

> 너희 안에 이 마음을 품으라 곧 그리스도 예수의 마음이니 그는 근본 하나님의 본체시나 하나님과 동등됨을 취할 것으로 여기지 아니하시고 오히려 자기를 비워 종의 형체를 가지사 사람들과 같이 되셨고 사람의 모양으로 나타나사 자기를 낮추시고 죽기까지 복종하셨으니 곧 십자가에 죽으심이라
>
> ✎ 빌립보서 2:5-8

말씀을 읽는 순간 가슴속에 말할 수 없는 감동이 밀려왔다. '그래, 예수님께서 이 땅에서 마지막 삶을 보내셨던 것처럼 그렇게 보내면 되겠구나.' 우리 주님은 나를 위해 자신의 모든 것을 내주셨다. 하늘 보좌도 내려놓으셨고 영광도 포기하셨다. 게다가 십자가에서 피 한 방울 남기지 않고 모두 내주셨다.

예수님보다 더 위대한 모델은 세상에 없다. 부족하지만 예수님의 모습을 흉내만이라도 내야겠다는 욕심이 생겼다. 나를 위해 모든 것을 주신 주님의 본을 받아 내 모든 것을 내주어야겠다는 마음이 들었다.

2006년 5월 23일 아내와 함께 연세대학교 의과대학에서 시신 기증 등록을 하였다. 그날 확인서를 들고 집에 와서는 자식들에게 내밀었다. 영모와 영신이 그리고 며느리도 모두 놀라워했다. 낯간지러운 말을 잘 못하는 영모와 영신이를 대신해서 며느리가 한마디 했다.

"아버님, 어머님! 짱이에요! 존경해요."

시신 기증 등록을 하고 나니 마음이 왠지 새로워졌다. 지금 내 몸체가 이제 내 것이 아니라 누군가에게 줄 것이라고 생각하니, 조금은 낯설고 더욱 조심스럽게 느껴졌다. 괜히 하늘과 더 가까워진 것도 같고 생존경쟁이 치열한 세상으로부터 초월한 듯한 기분까지 들었다.

50년 전에도 그랬다. 그때도 아무것도 없었다. 아버지도 어머니도 없었다. 의지할 친구도 형제도 없었다. 먹을 양식도 없었다. 그러나 그때는 없는 것이 괴로웠다. 세상이 미웠고 인생을 증오했다. 생명을 부지해 보려고 발버둥을 쳤다.

하지만 지금 내 인생은 180도 다르다. 이제는 내 육신도 남아 있지 않다. 내 재산과 시간 모두 다 드렸다. 하지만 말할 수 없는 기쁨이 내 안에 있다. 세상을 향한 증오와 미움이 사라졌다. 아직 살아 있음이 감사하고 다가올 죽음이 기대된다. 무엇보다 쓰레기 같은 인생을 재활용하여 멋지게 만들어 주신 주님을 생각하면 말할 수 없는 감동이 밀려온다.

시신을 기증하고 돌아오는 차 안에서 아내가 한마디 했다.

"여보, 이제 할 일이 하나 남았네요!"

"뭐? 뭐가 또 남았어? 몸까지 내준 마당에 뭐가 남았어?"

"결혼할 때 약속한 거 있잖아요? 학교 세우기로 한 거, 그 약속 지켜야지요."

이제 우리 부부의 남은 소망이 있다면 학교를 세우는 일이다. 통일 한국에 기여할 수 있도록 북한에 안경 대학을 세우고 싶은 소망이다. 또한 가능하다면 안경이 절실히 필요한 다른 나라에 안경 대학을 세우고 싶다. 한국에서 시작된 작은 섬김의 손길을 북한과 열방을 향해 펼치고 싶다.

지금은 이 꿈이 어떻게 이루어질지 아무도 모른다. 우리 부부만의 능력으로는 불가능한 비전이다. 하지만 지금까지 내 인생을 인도하신 하나님께서 여전히 함께하시니 그분 안에서 모든 것이 이루어지리라 믿는다. 주께서 원하신다면 예수님의 다시 오심을 예비하는 데 우리 부부를 사용해 주실 것이다. 하나님께 붙들림받아 인생이 바뀐 우리 부부는 세상에서 제일 행복한 커플이다.

내가 진실로 진실로 너희에게 이르노니 한 알의 밀이 땅에 떨어져
죽지 아니하면 한 알 그대로 있고 죽으면 많은 열매를 맺느니라

※ 요한복음 12:24

큰빛부부안경
희망나눔센터

박종월 장로의 신앙 여정

- **1950** 6월 25일 민족의 참혹한 전쟁이 시작된 날, 서자(庶子)로 태어남
- **1962** 초등학교 6학년 때 아버지 임종
- **1963** 상경 후 서울역 주변 폭력배로 생활, 지명 수배자가 됨
- **1974** 탄광에서 일하다가 폐병을 얻음
- **1975** 아내를 만나 결혼, 생활고에 시달림
- **1981** 중동 해외 파견 근로자가 됨
- **1983** 중동 근무 후 개인택시 운전을 함
- **1989** 화물차 및 이삿짐 차 운영
- **1990** 안경사인 처남과 안경점 오픈, 생활이 나아짐
- **1992** 교회 산상기도회에서 예수님을 영접
- **1993** 공인중개사 자격증 취득
- **1997** 도봉산에서 추락, 구사일생으로 생존
- **1998** 테크노마트 안경원 개원
- **1998~1999** 고등학교 검정고시 · 대입 검정고시 합격
- **1999** 부부가 함께 수능 시험을 치름
- **2000** 김천대학 안경광학과에 부부가 함께 입학
- **2002** 김천대학 졸업
  안경 봉사 시작
- **2003** 초당대학교 편입
- **2005** 초당대학교 졸업
  12월 천성교회 장로 장립
- **2007** 5월 코오롱 우정선행상 우수상 수상
  12월 MBC 사회봉사대상 우수상 수상
- **2008** '희망나눔센터' 설립

왕이여 정오가 되어 길에서 보니 하늘로부터 해보다 더 밝은 빛이

나와 내 동행들을 둘러 비추는지라

우리가 다 땅에 엎드러지매 내가 소리를 들으니

히브리 말로 이르되 사울아 사울아 네가 어찌하여 나를 박해하느냐

가시채를 뒷발질하기가 네게 고생이니라

내가 대답하되 주님 누구시니이까 주께서 이르시되

나는 네가 박해하는 예수라

일어나 너의 발로 서라 내가 네게 나타난 것은 곧 네가 나를

본 일과 장차 내가 네게 나타날 일에 너로 종과 증인을 삼으려 함이니

이스라엘과 이방인들에게서 내가 너를 구원하여 그들에게 보내어

그 눈을 뜨게 하여 어둠에서 빛으로, 사탄의 권세에서 하나님께로

돌아오게 하고 죄 사함과 나를 믿어 거룩하게 된 무리 가운데서

기업을 얻게 하리라 하더이다

❧ 사도행전 26:13-18 ❧

1004번 안경 버스

1판 1쇄 발행 2009년 7월 1일
1판 9쇄 발행 2019년 12월 24일

지은이   박종월
펴낸이   김정주
펴낸곳   ㈜대성 Korea.com
본부장   김은경
기획편집   이향숙, 김현경
디자인   문 용
영업마케팅 조남웅
경영지원   공유정, 마희숙

등록   제300-2003-82호(등록일 2003년 5월 6일)
주소   서울시 용산구 후암로 57길 57 (동자동) ㈜대성
대표전화 (02) 6959-3140 | **팩스** (02) 6959-3144
홈페이지 www.daesungbook.com | **전자우편** daesungbooks@korea.com

ISBN 978-89-92758-51-2 (03230)
이 책의 가격은 뒤표지에 있습니다.

Korea.com은 ㈜대성에서 펴내는 종합출판브랜드입니다.
잘못 만들어진 책은 구입하신 곳에서 바꾸어 드립니다.

이 도서의 국립중앙도서관 출판시도서목록(CIP)은 e-CIP
홈페이지(http://www.nl.go.kr/ecip)에서 이용하실 수 있습니다.
(CIP제어번호: CIP2009001645)